PIENA COSCIENZA

LEZIONI DA LEGGERE

PRIMA DI DORMIRE

Alla mia famiglia,

Ai miei amici,

Ai miei colleghi,

Ai miei genitori,

principali fonti d'ispirazione.

| INTRODUZIONE |

Un libro per addormentarsi… Avete mai notato come nel momento in cui decidete di addormentarvi il vostro spirito è più rilassato? Se ci addormentiamo disturbati dai problemi quotidiani, la notte si annuncia pesante e agitata. Al contrario, la notte è serena e riposante quando sprofondiamo nel sonno con leggerezza. L`obbiettivo di questo libro è quello di offrire storie semplici, piccole favole accessibili a tutti, che ti permettano di fare un passo indietro rispetto al mondo, agli altri e a te stesso.

Si tratta, caro lettore, di evidenziare ovvietà che spesso non appartengono più al nostro mondo moderno dove siamo costantemente sollecitati.

Una prima consapevolezza essenziale perché gli effetti positivi di questo libro siano reali è questa: prendere coscienza delle preoccupazioni, delle sollecitazioni che provengono da ogni dove, del peso della vita quotidiana che grava sulle spalle del nostro inconscio. È una piccola voce interiore che non ci lascia mai soli.

Insomma, meccanismi profondi sono all'opera per "marcire" le nostre vite.

Ci sono, però, modelli, se non di saggezza, almeno di calma e tranquillità, che hanno aperto la strada a una comprensione profonda di questi logoranti meccanismi.

****

Ho raggruppato queste 69 piccole storie in sette temi che ti aiuteranno a pensare e ad addormentarti, favorendo un piacevole lasciarsi andare al momento del sonno:

- Non giudicare: i racconti invitano a considerare il potere dell'osservazione, ovvero il potere di osservare noi stessi e i nostri stessi automatismi, per disfare gradualmente la loro presa su di noi.

- La pazienza: è una virtù essenziale da sviluppare per chi cerca il benessere e la calma interiore.

- La rigenerazione interiore: come adattarsi alle situazioni della vita e sviluppare una mentalità adatta a godere di tutte le esperienze.

- La fiducia in se stessi: la fiducia e l'autostima sono le basi indispensabili per ritrovare il proprio valore interiore, al di là dei condizionamenti e dello sguardo degli altri.

- L'assenza di sforzi e la rinuncia alle aspettative: nella nostra quotidianità, lottiamo sempre contro la vita e la realtà così com'è. Noi "vogliamo" e questa volontà si ottiene con il dolore, con la forza. Non c'è un altro modo per accontentarsi?

- L'accettazione delle cose: la nostra mente distorce la realtà per farla corrispondere a ciò che si desidera. In effetti, non accettiamo mai le cose quando non vanno come vorremmo.

- Pensare e lasciar andare le cose: si tratta di realizzare l'onnipresenza di pensieri ed emozioni nella nostra vita quotidiana; prendendo coscienza della loro natura, possiamo alleggerirne il peso.

****

Questi temi rappresentano sette pilastri su cui costruire una vita più serena e consapevole. Questa "coscienza" è fondamentale: offre un passo indietro su se stessi e, in questo modo, l'opportunità di svincolarsi da ciò che ci preoccupa, ci fa rimuginare e soffrire. Tale è il potere della *Consapevolezza*.

Queste parole sono sempre esistite nella bocca dei saggi, e se sono sopravvissute nei secoli non è un caso: portano dentro di sé una dimensione universale, espressione di buon senso e spirito di osservazione.

Diventando consapevoli dei nostri turbamenti, possiamo agire su di essi. Puoi iniziare con la lettura attenta di queste storie, quando ti addormenti.

Come ottenere il massimo da questo libro? Ti consiglio di leggere solo una storia a notte, prima di prepararti per dormire. Perché proprio in quel momento? Perché è proprio durante il sonno che la tua mente è maggiormente in grado di ancorarli in se stessa, di appropriarsene. Se queste favole sono apparentemente semplici, il loro potere di trasformazione interiore può essere enorme.

Leggi una storia a notte e lascia che cresca in te. Ti sembreranno racconti certamente molto accessibili in termini di comprensione, ma portano un significato che a poco a poco si imprimerà in te. Questo è il loro segreto. Questa è la magia della *Mindfulness*: anche nel sonno, l'effetto di questi racconti si diffonderà, si realizzerà in te, ti permeerà. C'è davvero l'idea di un processo di infusione, maturazione, lento, progressivo e continuo.

È quindi necessario assimilare ciascuna di queste storie, con pazienza, con metodo. Non esitare a rileggere il libro ogni volta che ne avvertiate il bisogno, o a soffermarti su una storia che ti ha segnato più di un'altra (dopo una prima lettura completa). Con ciò, vi auguro una buona lettura. Possano queste favole portarvi benessere, serenità e consapevolezza dei blocchi che agiscono in ciascuno di voi.

| 1 |

| VIVERE LE PROPRIE EMOZIONI |

NON GIUDICARE

«I saggi propugnano nuove idee, gli stupidi le diffondono.»

Heinrich Heine

C'era una volta un uomo saggio che fece la scelta di ritirarsi in una grotta e di uscirne solo dopo aver completamente dominato le sue emozioni. La gente lo osservava da lontano, lo ammirava, e lo chiamava santo eremita.

Solo nella sua caverna, lontano da tutti e da tutto, trascorrendo la maggior parte del suo tempo in meditazione è arrivato, dopo anni e anni, ad avere il completo controllo delle sue emozioni. Finì così, alla fine della sua vita, per non provare più alcuna emozione, il suo ritiro dal mondo era così radicale che aveva quasi dimenticato il proprio nome.

Era orgoglioso di aver raggiunto il suo obiettivo e sentiva di aver condotto la vita di un santo, di aver trovato la via della saggezza.

Eppure sul letto di morte, nella sua caverna, fu sopraffatto dal rimpianto: "Ci sono tante cose che non ho vissuto, tante gioie mancate. Ahimè! È troppo tardi ".

Fu durante il suo ultimo respiro che finalmente capì che la saggezza non consiste nel rifiutare le emozioni e nel proteggersi da esse, ma nel viverle consapevolmente.

Provi tutte le emozioni o cerchi di scacciare quelle più negative dalla tua vita?

| 2 |

| L'UOMO INDAFFARATO |
LE VIRTÙ DELLA PAZIENZA

*« Serenità costante, disponibilità verso gli altri,
molteplici interessi sono i veri padroni del tempo, perché
sanno fare un passo indietro, aggiungere umorismo. »*

Jean-Louis Servan-Schreiber

Un vecchio cammina con il suo bastone per i corridoi di una casa di cura: si ferma davanti a un orologio e sospira disperato. In passato era un energico imprenditore e conduceva una vita vivace: sempre in movimento, sempre con in mente una moltitudine di progetti cui dar vita. La sua azienda era a sua immagine: doveva muoversi, non riusciva a stare fermo. Impensabile stare lì a non fare niente: aveva bisogno del moto perpetuo. Sempre qualcosa da fare, qualcuno da vedere. Sempre in partenza verso posti nuovi; sempre nuovi mercati da conquistare. La sua vita è stata così: un flusso continuo di tumulto ed eccitazione. Adesso, a 87 anni, è costretto a vivere in una casa di riposo. Vaga per i corridoi, tormentato dal non avere niente da fare. L'attesa è lunga: la sua vita è oramai alle sue spalle. Una situazione insopportabile che lo fa sentire perso e impotente.

— Forse ero troppo attivo. Forse non ho imparato a essere, a sviluppare la pazienza…

Il nostro mondo moderno ci incita costantemente a tenerci occupati. Ma la pazienza è una porta aperta al semplice fatto di essere: essere senza volere, essere senza fare niente.

| 3 |

| L'INSONNE |
LE VIRTÙ DELLA PAZIENZA

« Il sonno è l'unico amico che non viene mai quando lo si chiama. »

Diane de Beausacq

— Dottore, non riesco più a dormire, afferma una giovane donna.

— Ah ? E da quanto tempo ?

— Oramai saranno diversi mesi … Ma nelle ultime due settimane, se dormo due ore di notte, è già tanto.

Il dottore la guarda chiedendole :

— Ha vissuto un evento particolare che spiegherebbe questa insonnia ?

— No, non particolarmente. Sono solo stressata e vivo a cento miglia all'ora. Ma è sempre stato così... E nessun particolare sconvolgimento nella mia vita…

— Chiuda gli occhi. Cercheremo di vedere cosa succede quando è a letto. Mi dica cosa sta succedendo dentro di lei…

— Beh… Penso alla mia giornata di domani e a tutto quello che devo fare... E poi mi dico: "dai, adesso è il momento di dormire".

— E poi ?

— Niente… guardo i minuti della sveglia, mentre le ore passano.

— Cosa vi dite ?

— I pensieri che mi vengono in mente sono: "Dai, devo dormire!", dice infastidita.

— Va bene. Ecco cosa farà stasera, riprende il dottore.

Più tardi, la giovane donna si ritrova vicino al suo letto e con meraviglia pensa :

— Bene. Nessuna medicina... Solo una frase da ripetere... Al punto in cui mi trovo, potrei anche seguire il suo consiglio, dopotutto.

Si sdraia sul letto, si mette la coperta, spegne la sveglia e comincia a ripetere, con un respiro lento e dolce :

— Scelgo di accogliere il sonno.

Venti minuti dopo, si addormenta profondamente.

Trasformando i « devo » e i « bisogna » con la benevolenza verso se stessi, nell'accoglienza e senza pressioni, si evitano molte trappole dell'impazienza.

| 4 |

| LA SENTINELLA |

LA RIGENERAZIONE INTERIORE

*« Spesso dimentichiamo di sentire
la magia del momento presente e tuttavia,
è Lei che costruisce lo scenario della nostra vita. »*

Michel Bouthot

C'era una sentinella, un soldato a guardia della porta di un campo da qualche parte nel deserto. Davanti a lui non vedeva altro che una grande distesa di sabbia con cactus radi, arbusti coriacei e boschetti di erbe ingiallite. Fisso, il sole bianco, alto nel cielo.

Ogni giorno, all'alba, la sentinella prendeva il suo posto e sostituiva la sentinella della notte.

« Che orrore questa vita... ogni giorno è uguale all'altro» avrebbe potuto dire.

« Che orrore questo deserto, desolato e arido » avrebbe potuto dire.

Ma la sentinella non si è lamentava mai. Non si è lamentava del suo triste destino.

Restare nel deserto l'aveva resa più saggia.

Il primo anno, pensava di morire di noia, con il suo sangue che ribolliva per la mancanza di azione e per l'impazienza.

Il secondo anno, si lasciò sopraffare dallo sconforto e tutto il suo corpo protestò per l'inazione.

Al quinto anno, la disperazione l'aveva resa come un guscio vuoto.

Ma... al sesto anno, le cose cambiarono: nessun giorno fu più come il precedente. Un giorno, vide i cactus schiudersi e questo superbo spettacolo incantò la giornata; un altro giorno ancora, la mattina fu dolce e confortante, un altro, notò per la prima volta lo splendore del cielo... il deserto non fu mai più lo stesso, mai più vuoto allo stesso modo. Era la serenità assoluta.

Fu così che la vita della sentinella divenne sempre differente.

Ogni momento della vita è nuovo;

merita di essere assaporato.

| 5 |

| I MUSICISTI |

LA FIDUCIA IN SE STESSI

> *« Il fallimento è una sensazione,*
> *molto prima di essere una realtà.*
> *È il risultato della combinazione tra*
> *vulnerabilità e mancanza di fiducia in se stessi, che è poi*
> *aggravata, spesso deliberatamente, dalla paura. »*

Michelle Obama

C'era una volta un direttore d'orchestra come pochi. Stava raggiungendo l'apice della sua carriera tanto che tutti gli amanti della musica avevano ascoltato almeno una volta una delle sue interpretazioni dei capolavori di Bach, Mozart o Beethoven. Stava cercando quattro violinisti eccezionali per la sua ultima creazione. Conoscendo la sua durezza, le sue esigenze e il suo talento, pochi musicisti osarono presentarsi per le audizioni. Ma alcune dozzine di uomini coraggiosi si avventurarono e dopo alcune selezioni erano rimasti solo quattro violinisti. Il primo suonò brillantemente, il secondo meravigliosamente, il terzo sontuosamente e l'ultimo con incanto.

Tutti aspettavano in una stanzetta, mentre chiuso nel suo ufficio il maestro esitava sulla scelta. Aveva confrontato le qualità dei pretendenti per quasi due ore. In verità, amava così tanto questi quattro musicisti che non sapeva quale scegliere tra loro. Fu così che scelse di assumerli tutti e quattro. Ma quando aprì la porta scoprì con sorpresa che era rimasto solo un violinista.

— Dove sono gli altri ? domandò.

— Il primo percepì la sua lunga esitazione come un rifiuto: se ne è andato.

— E il secondo ?

— Dopo essersi mangiato le unghie per l'ansia... non poté più aspettare e preferì andare a casa.

— Et il terzo ?

— Quando ha visto gli altri due grandi virtuosi andarsene, ha pensato che se si erano arresi loro, non avrebbe avuto alcuna possibilità.

— E lei ?

— Ebbene, mi sono detto che se ha esitato così a lungo, è stato perché le piaceva la nostra musica e quindi avevo anch'io delle possibilità, almeno quanto gli altri. Per questo sono rimasto.

Naturalmente, fu lui a ottenere l'incarico.

**La tua autostima
è la chiave per molteplici opportunità.**

| IL MILIONARIO |

SENZA SFORZI, SENZA ASPETTATIVE

> *« Non perdere tempo a*
> *voler accontentare tutti.*
> *Diventa la tua prima priorità*
> *e apri le braccia alla felicità. »*

Rémi Ballot

Al termine della sua vita, un ricco uomo d'affari contempla intorno a sé tutti gli oggetti che aveva accumulato.

Dipinti magnifici, vasi incastonati con pietre preziose, mobili in legno rari. E poi, yacht, appartamenti in tutto il mondo, anche auto di lusso. I conti in banca pieni fino all'orlo. Ha tutto quello che voleva. Aveva lavorato sodo per questo: tutta la sua vita e le sue energie sono state dedicate alla sua realizzazione personale. Eppure, impotente, sul letto di morte, quasi incapace di muoversi, il milionario disse fra sé e sé sconfortato:

— Tanta fatica, sudore e stress per arrivare qui. Tanta energia dedicata ad accumulare tutti questi oggetti. E ora, cosa posso desiderare ancora? Non c'è più niente da desiderare. Eccomi circondato da oggetti che non mi servono più...

Una vocina gli sussurrò :

— Forse puoi iniziare ad essere, senza desiderare o volere niente...

L'uomo si abbandonò a questa idea e, per la prima volta, sentì dentro di sé un rilassamento e una leggerezza che nessun oggetto o nessuna sua impresa gli avevano finora concesso.

Quando interrompiamo di concedere

la priorità all'avere e al fare,

resta solo la presenza: è l'essere.

È la magia e la semplicità dell'essere.

| 7 |

| IL TESORO NASCOSTO|

AGIRE CONSAPEVOLMENTE

> *«L'invidia è il tesoro*
> *dei nostri successi sognati e mai raggiunti,*
> *delle nostre intenzioni inefficaci,*
> *dei nostri pensieri senza esecuzione. »*

Honoré de Balzac

È sicuro, questa volta ci metterà le mani sopra! Quell'archeologo esploratore aveva studiato e ricercato quel tempio Maya perduto e dimenticato per più di trent'anni. Lui solo sapeva della sua esistenza.

Vi dedicò tutta la sua vita: una tesi, tanti viaggi... Sa che il monumento era lì, da qualche parte, tra le montagne e la foresta amazzonica. Sa che in quel tempio dimenticato degli uomini avrebbe trovato una pietra incisa; secondo una leggenda Maya, nasconde un tesoro di valore inestimabile.

Più e più volte aveva pensato di poterci mettere le mani sopra. Anche se talvolta si senti sconfortato non rinunciò mai a continuare la ricerca, sempre più ossessionato e determinato.

Quando finalmente trovò il tempio, si sentì soddisfatto. Aveva ormai 70 anni, ma alla fine aveva raggiunto l'obiettivo a cui aveva dedicato tutta la sua vita, l'obiettivo che aveva condizionato tutta la sua esistenza.

Il tempio era in parte in rovina. Entrò nella grande stanza principale. Il silenzio regnava sovrano tanto che solo il rumore del suo respiro e il cinguettio degli uccelli avrebbe potuto sentire.

Si avvicinò a una grande lastra: sapeva che era lì che si trovava il sacro tesoro. Ma niente. Trovò soltanto un'iscrizione. Soffiò sulla polvere per leggerlo :

« *L'unico tesoro degli uomini è non lasciarsi ingannare dallo spirito* ».

La frase lo colpì interiormente: si rese conto che l'ossessione di cercare il tempio gli aveva rovinato la vita. Gli aveva impedito di vivere, come un'esca per la sua mente di cui non s'era mai accorto.

Quando capiamo

il condizionamento nella nostra mente,

possiamo liberarcene,

trovare il nostro tesoro interiore.

| 8 |

| COGLI IL PRESENTE |

ACCETTARE

*«Le piaceva prolungare questo stato di latenza,
di intorpidimento, non aspettarsi nulla,
lasciare che le cose vadano come sono venute,
accogliere la fine del tempo. »*

Delphine de Vigan

C'era una volta, in un pascolo, un giovane nocciolo cresceva poco distante da una grande quercia. Era estate e un sole magnifico guizzava i suoi raggi nel cielo immacolato.

— È troppo caldo ! Le mie radici sono prive di acqua, dice il nocciolo.

Poi venne l'autunno, e con esso pioggia, vento e freddo. E i nostri due alberi persero le foglie.

— Mi sento nudo senza le lenzuola. Che stagione orribile! si lamentò il nocciolo.

Arrivò l'inverno, il vento e anche il gelo. I corvi volavano bassi e gracchiavano tutto il giorno sui campi grigi.

— Il mio tronco si rovinerà con tutto questo gelo! Che tristezza anche questo tempo! Gemette il giovane albero. Poi, la primavera tornò, e i nostri alberi si ricoprirono di tenere foglie verdi e fiori amento….

— Che peccato perdere i miei bellissimi fiori! si lamentò il nocciolo. La quercia, che era stata paziente per un anno, finalmente disse al suo giovane amico:

— Giovane pianta, hai appena passato un anno a lamentarti di quello che stavi passando o a rattristarti di quello che stava per succederti. Vuoi davvero la morte?

— Per nulla !

— Puoi fare qualcosa per cambiare il tempo ?

— No...purtroppo !

— Senza dubbio. Ma a questo punto, l'unica cosa che puoi cambiare sei tu. Accetta le cose come sono. L'autunno ti annaffia, l'inverno ti riposa, la primavera ti sveglia e l'estate ti rende fecondo. Tale è la vita, accettala, sii grato, perché in verità non hai niente di meglio da fare. Altrimenti non sarai mai felice. Il giovane nocciolo che voleva essere felice, comprese che la quercia aveva ragione. Da allora prese la vita come come veniva.

Non puoi controllare tutto nella vita. La vita è fatta di sorprese e persino di imprevisti. Quando smettiamo di voler controllare tutto, siamo nell'accettazione della vita.

| 9 |

| LA CANNA |

NON GIUDICARE

*« La chiave per una vita felice,
è di avere la memoria corta. »*

Jojo Moyes

Una vecchia canna era stata piantata nel terreno. Sembrava bloccata lì per sempre. La vide un giovane airone, pieno di condiscendenza :

— Si sta preparando una tempesta; io, fuggo. Non è lontana. Ma tu, povero fusto piantato, dovrai affrontare venti tanto forti da abbattere una quercia. Non puoi farcela…

— Non temo niente. Vedi questa pianura paludosa. Cento anni fa era ricoperta di alberi. Caddero tutti, falciati da venti e tempeste. Ne ho viste e ne vedrò ancora. Non sono spaventata.

— Come fai? Qual è il tuo segreto? Riprese l'airone stupito.

— Il mio segreto ? Non resisto e osservo.

— Non capisco, disse l'animale.

— Ebbene, quando i venti soffiano su di me, non vado contro di loro: li lascio soffiare su di me quanto vogliono e guardo..

— E ?

— Questo è tutto.

Come la canna si piega nella tempesta senza rompersi, puoi lasciare che pensieri ed eventi si scatenino dentro di te semplicemente osservandoli

| 10 |

| IL POTERE DEL SORRISO |

LE VIRTÙ DELLA PAZIENZA

> *« risate e sonno*
> *sono la migliore medicina del mondo »*

Proverbe Irlandais

Un lunedì mattina, sotto il grigiore di Parigi, una giovane cassiera - chiamiamola Alice - va al lavoro, come ogni settimana. E, come ogni lunedì, non vuole andarci. Fa freddo, piove ed è solo il primo giorno di quella settimana di novembre. Ma si accorge anche di non essere l'unica ad "affrontarlo": i passanti le sembrano grigi come l'asfalto; i passeggeri della metro tacciono, lo sguardo cupo e preoccupato.

Arriva a lavoro. Non le piace il suo lavoro. Il suo capo le dà le istruzioni per la giornata in tono perentorio.

I clienti si susseguono nella routine quotidiana. Hanno fretta, sono infreddoliti e sembrano indisposti. Tutti appaiono tristi e pare portino il peso del mondo sulle loro spalle.

Alice, non vede l'ora che quella giornata finisca: tutto è cupo, come la sua vita. Comincia a dire a se stessa che non vale niente, che è condannata a questa vita, che è perduta.

All'improvviso, una giovane donna spumeggiante la distoglie dai suoi pensieri:

— A presto ! E grazie di tutto! Dice quest'ultima mentre finisce di riporre nel carrello la spesa che Alice le aveva sporto senza nemmeno accorgersene.

— Ehm... Grazie. Arrivederci, risponde Alice, un po'
sorpresa.

La giovane cliente le rivolge un ampio sorriso, proprio
così, spontaneamente.

Alice avverte dentro di se una vibrazione positiva: quella
giovane donna le aveva ridato gioia e fiducia.

**E tu, quante persone come questa giovane
cliente incontri abitualmente?**

| 11 |

| MEDITARE A OGNI COSTO |

LE VIRTÙ DELLA PAZIENZA

> *« Le nostre migliori menti affermano*
> *che tutta questa storia è assolutamente,*
> *scientificamente, razionalmente impossibile.*
> *Ma non le importa di essere impossibile,*
> *questa storia. Le basta essere reale. »*

Pierre Pairault

— È deciso! Domani comincio a meditare! annuncia Charlotte, una ragazza ansiosa, a coloro che la circondano.

Che entusiasmo! Sembra davvero determinata. Il giorno dopo inizia, ma non trova la pazienza di restare così per più di cinque minuti.

Più passano i giorni, più il suo impegno si sgretola. C'è sempre qualcosa da fare, sempre una buona scusa: « Stasera, non c'è tempo: devo finire delle commissioni»; « oh no lo farò domani, non ho ancora fatto la spesa» o ancora «stasera, sono stanca» oppure «vado in città a bere qualcosa, mi farà bene».

Eppure, ogni fine settimana, si promette fermamente a iniziare. Ma niente da fare... O meglio, c'è sempre qualcosa da fare... Il tempo passa... fino a che arriva la pensione, Charlotte ha ancora l'intenzione di esercitarsi, ma invano.

Chiede consiglio a un praticante diligente che conosce e che vive nel suo quartiere.

La sua risposta è chiara:

— Ogni volta che cerchi di «fare» meditazione, la tua mente ti porterà sempre a qualcos'altro.

— Ma, allora come posso raggirare questa difficoltà ? supplica Charlotte.

— Non c'è niente da fare, niente da volere, niente da avere. C'è soltanto da essere, solo quello…

Essere lì, presenti e in consapevolezza e non ascoltare la mente che ci porta a fare e a volere sempre, è il primo passo verso la pazienza e la serenità.

| 12 |

| IL PIÙ FORTE TRA GLI ANIMALI |

LA RIGENERAZIONE INTERIORE

« Non appena hai un po' di potere, sei deferente
ma se non abbiamo più niente da offrirti,
diventi sprezzante.
Hai applicato correttamente la regola
che ti ha portato dove sei oggi:
Forte con i deboli, debole con i potenti. »

Karine Tuil

Karine Tuil

Come spesso accade tra gli animali, c'erano grandi dispute su chi fosse il più forte, il più valoroso o il più potente. Gli ego si scontravano con lunghe verbosità, ruggiti, schiamazzi e talvolta zanne e artigli ponevano fine alle discussioni.

Quel giorno, la tigre spiegò all'assemblea che era lei l'animale più forte. Il grande elefante sogghignò, afferrò un robusto albero di mango e lo sradicò con un colpo della sua robusta proboscide.

Tutti erano d'accordo sul fatto che l'elefante fosse l'animale più forte. Il pachiderma si era gonfiato tanto da non sentirsi più a suo agio.

Ma la tigre intervenne:

— Elefante, dimmi quanto pesi ?

— Peso sei tonnellate !

— E quanto puoi sollevare ?

— Gli umani dicono che posso sollevare nove tonnellate.

L'intera assemblea lanciò un grido di meraviglia...

Ma la tigre, lisciandosi la sua bella pelliccia, disse:

— Non è male... ma io posso sollevare più di cinquecento chili! È il doppio del mio peso! Quindi, proporzionalmente, sono più forte di te.

Ci fu un silenzio ammirato nell'assemblea e tutti vennero a congratularsi con la tigre.

Ma un umile scarabeo stercorario, appollaiato su una roccia, disse :

— Va tutto molto bene... e allora che mi dici di me?

La tigre, l'elefante e tutti gli animali scoppiarono a ridere:

— Siamo seri! Chi ti ammirerebbe? Trascorri il tuo tempo a rotolare una palla di escrementi nella savana! Qual è la tua forza ?

— Imparate, cari amici, che noi scarabei stercorari siamo utili per ripulire i vostri rifiuti, e per questo meritiamo il vostro riconoscimento...

Tigre ed elefante si scambiarono uno sguardo imbarazzato, ma non dissero nulla.

— ... che la nostra forza, continuava lo scarabeo stercorario, se si seguono i calcoli della tigre è fuori misura con la tua: anzi, ogni giorno, modestamente, spingo, tiro e porto più di... mille volte il mio peso.

Quel giorno, gli animali, imbarazzati, cessarono ogni polemica e se ne andarono, ciascuno nel proprio angolo, a digerire questa piccola lezione di umiltà.

In ognuno di noi esistono una forza interiore e delle risorse. È forse attraverso la loro consapevolezza che inizia l'autostima.

| 13 |

| IL COMBATTENTE ROMANO |

LA FIDUCIA IN SÈ

> *« Come se occorresse invecchiare per*
> *apprezzare il passare del tempo,*
> *imporre una settimana di dieta*
> *per gustare al meglio un buon pasto.*
> *Imporsi delle privazioni per meritare il piacere? »*

Michel Bussi

C'era una volta un giovane gladiatore nell'antica Roma di nome Nimrod.

Mirmidoni, lottatori e combattenti avevano sempre perso contro di lui. Non importa quanto fossero determinati e aggressivi (per favore credetemi quando vi dico che non erano ragazzi del coro), quando arrivò il giorno del combattimento, entrarono nell'arena tremando, combattendo male.

Non trovando più un avversario all'altezza, per placare la sua sete di vittorie e onori, il giovane Nimrod andò a sfidare un vecchio lottatore che stava affilando la sua spada al sole, ai margini dell'arena. Il vecchio si fece ripetere la richiesta, esitò, ci pensò e alla fine accettò la lotta.

Ora è il momento di svelarvi il segreto di Nimrod: aveva, in giovane età, adottato un piccolo demone, il quale, con un colpo d'ala, sussurrava all'orecchio sinistro degli avversari del suo padrone ogni genere di messaggi disfattisti. Questo faceva perdere loro ogni fiducia in sé stessi.

Il giorno prima del suo combattimento, Nimrod mandò il suo demone a scoraggiare il vecchio combattente nel sonno, facendogli sussurrare parole negative nell'incavo dell'orecchio sinistro. Arrivò il mattino, Nimrod entrò nell'arena trionfante, ma quando vide il vecchio avvicinarsi con passo tranquillo, si preoccupò. Durante il primo scambio di colpi, aveva trovato un avversario determinato a vincere! Nimrod si chiese cosa stesse succedendo, esitò, sudò e presto il vecchio gli fece mordere la polvere.

Chiese Nimrod, a terra, con il sangue in bocca :

— Ma... vecchio, come hai potuto battermi?

— Eh? Che cosa ? disse il vecchio guerriero. Parla più forte, sono sordo all'orecchio sinistro !

**Altri, a volte, cercheranno di imporsi su di te.
Fiducia e calma saranno le tue armi migliori.**

| 14 |

| COLUI CHE VOLLE INSEGNARE |

SENZA SFORZO, SENZA ASPETTATIVE

*«Più ci si allontana dall'evento,
più diventa difficile distinguere
una cosa come possibile causa. »*

Russell Banks

Un valente insegnante di meditazione godeva di molto successo. Le sue classi erano sempre piene e i suoi studenti erano sempre più numerosi. Un giorno chiese un giovane discepolo impaziente e focoso, che da diversi anni studiava diligentemente la meditazione :

— Dimmi, in quanto tempo diventerò un abile istruttore di meditazione? chiese pieno di entusiasmo e di orgoglio.

L'insegnante ci pensò per un po', poi disse freddamente:— Secondo me almeno trent'anni

L'allievo molto infastidito e deluso rispose :

— Ah... beh... è parecchio tempo! E se lavoro duro, di giorno e notte, se mi alleno intensamente nella meditazione, pratico instancabilmente, quanto tempo mi ci vorrà??

Quindi l'insegnante ci pensò ancora, più a lungo, poi gli diede questa risposta :

— In questo caso almeno cinquant'anni.

— Che cosa ? esclamò lo studente… Ma cosa devo fare? Dimmi… sono disposto a impegnarmi molto!

— Ogni sforzo che fai non farà altro che portarti lontano dal vero principio della meditazione.

La meditazione non è una competizione in cui sono richiesti assiduità e sforzo... Si tratta semplicemente di esserci. Niente di più.

| 15 |

| I COLORI DELLA VITA |

AGIRE IN CONSAPEVOLEZZA

*« Lo sguardo è forse
sempre sotto l'influenza di qualcosa,
e dipende da una capacità
di confrontare qualcosa
con un altro. »*

Vidiadhar Surajprasad Naipaul

Questa è la storia di due fratelli gemelli. Sono fisicamente in tutto simili, ma le loro personalità sono diametralmente opposte: uno è negativo, eccessivamente cauto, autolesionista; l'altro è naturalmente ottimista e sicuro di sé, ama se stesso e gli altri. A parte la loro somiglianza fisica, indossano li stessi vestiti, camminano allo stesso modo, ma non hanno lo stesso temperamento.

I due, e la loro incredibile relazione "amore-odio", sono stati ampiamente studiati da diversi ricercatori i quali hanno dimostrato come anche due gemelli cresciuti in modo quasi identico possano diventare così diversi.

La loro vita e la loro traiettoria sono quasi le stesse. Hanno fatto gli stessi studi e ora hanno pure lo stesso lavoro. La loro vita si è evoluta parallelamente.

Tuttavia, il primo trova la sua vita deludente e deprimente. L'altro, invece, si sente bene: vive leggero e felice.

    Infatti, mentre le vite sono paragonabili, un fattore cambia drasticamente il destino delle persone: i pensieri interiori.

    Se colori di grigio i tuoi giorni, così sarà la tua vita; se li colori con colori luccicanti, anche la tua vita sarà più luminosa.

| 16 |

| PAZIENZA E ACCETTAZIONE |

ACCETTARE

« Il tuo amico è la risposta alle tue esigenze.
Lui è il campo che semini con amore
e mieti con ringraziamento.
Egli è la tua tavola imbandita e il tuo focolare.
Perché vieni da lui affamato
e la ricerca della pace. »

Khalil Gibran

È stato tanto tempo fa. Gli astrologi di due regni vicini erano stati categorici: i raccolti sarebbero stati pessimi, numerosi insetti nocivi e carestie si sarebbero infuriati negli anni a venire. Entrambi i re credevano ai loro astrologi e queste predizioni erano particolarmente inquietanti. Il primo re decise di non lasciare che accadesse: fece rigirare la terra due volte invece di una e annaffiato più del solito. I contadini dovevano concimare la terra, annaffiarla e lavorarla instancabilmente. Quando arrivavano gli insetti, gli uomini passavano intere notti a raccoglierli a mano ed eliminarli. Nonostante tutti questi sforzi, i raccolti furono scarsi per anni. La gente viveva nella preoccupazione, nella stanchezza e nella venerazione per un re che aveva agito con tanto vigore, poiché tutti immaginavano l'orrore che sarebbe stato se non fosse stato fatto nulla. Ma nel secondo regno accanto, il re esortò tutti... ad essere pazienti. Dovevi risparmiare le tue forze e non danneggiare la terra, disse il re all'altro.

Nell'attesa di momenti più propizi, i contadini non smuoverono più la terra e piantavano tra le erbe selvatiche e le erbacce. Annaffiavano poco, lasciando crescere le piante più resistenti e meno esigenti. Non si occuparono più degli insetti, e se il primo anno era stato duro, da allora in poi l'abbondanza di cavallette e afidi attirò così tanti predatori che i contadini non ebbero più niente da fare. Inoltre, le erbacce poterono nutrire molti animali che altrimenti sarebbero fuggiti o avrebbero attaccato i raccolti. Il regno superò pacificamente la crisi annunciata e tutti si congratularono per la saggezza del re.

Ci sono periodi della vita più duri di altri, giorni più cupi. La pazienza è la virtù che ti permette di dire che non durerà: devi far passare il tempo e avere fiducia nel cambiamento.

| 17 |

| PETTEGOLEZZI |

NON GIUDICARE

> *« Se soffri per una causa esterna,*
> *non è lei che ti dà fastidio,*
> *è il giudizio che le dai. »*

Marc Aurèle

A due amiche piaceva incontrarsi spesso sulle terrazze dei caffè per dedicarsi al loro gioco preferito: il gossip.

— Guarda quella, come è vestita!

— Mio Dio... Dovresti dirglielo. E hai visto quella laggiù: è magra e ha dei bei capelli, ma poi, a guardare come cammina, sembra un pinguino.

— Oh e lei, lì, vicino al cameriere. Che volgarità con quella scollatura.

— E il cameriere: sembra davvero basso.

—Ecco perché è un cameriere!" Guarda il ragazzo vicino all'ingresso...

— Che tipo.. e quella giacca! Mio dio: roba da anni '80.

Ridevano e passavano ore intere a giudicare, prendere in giro, analizzare le persone intorno a loro. E questo per anni.

Un giorno però:

— Hai visto quella chi crede di essere?" Hai visto? Pensa di essere Miss Mondo.

— Se non si hanno più 20 anni, bisogna smettere di pensare di essere Miss Universo, questo è certo.

Un uomo era seduto proprio dietro di loro. Si sforzava di leggere il giornale mentre i pettegolezzi interferivano con la sua lettura. Alla fine si alzò per andarsene, ma prima estrasse uno specchietto dalla borsa.

Si avvicinò alle due amiche e puntò lo specchio su ciascuno di loro.

"Buona giornata", aggiunse prima di partire.

Quando giudichiamo gli altri, chi ci giudica? Quando giudichiamo gli altri, pensiamo di essere perfetti e superiori?

| 18 |

| IL MAESTRO E IL SAMURAI |
LE VIRTÙ DELLA PAZIENZA

> « *gli uomini sono impossibili*
> *e pensa che altrove,*
> *la loro vita deve ricominciare da capo.*
> *Sognano costantemente un paradiso perduto.* »

Dominique Blondeau

Un racconto Zen giapponese racconta la storia di un samurai che si presentò davanti al maestro Zen Hakuin e gli chiese:

— L'inferno e il paradiso esistono davvero?

— Chi sei ? chiese il maestro, seduto in silenzio, circondato da alberi cullati dal vento.

— Io sono Tomoshi, samurai, affermò pieno di arroganza e di disprezzo per coloro che non conoscevano il suo illustre nome.

— Tu, un guerriero! esclama Hakuin. Fammi ridere! Quale signore vorrebbe averti al suo servizio? Sei vestito da mendicante.

Il samurai, preso da una nera rabbia, afferrò la sua sciabola pronto a estrarla dal fodero.

Hakuin continuò:

— Hai pure una spada! Ma probabilmente sei troppo goffo per tagliarmi la testa! Non sei degno di portarla.

Fuori di sé, il samurai alzò la spada, pronto a colpire il maestro. Quest'ultimo annunciò, con molta calma:

— È qui che si aprono le porte dell'inferno.

Sorpreso dalla sconcertante rassicurazione del monaco, il samurai lasciò cadere la spada e si inchinò.

— È qui si aprono le porte del paradiso, finì il maestro.

La saggezza inizia quando diventiamo consapevoli dell'onnipotenza della nostra mente. La pazienza inizia quando gradualmente riprendi il controllo.

| 19 |

| RUMORI |

LE VIRTÙ DELLA PAZIENZA

*«Al giorno d'oggi,
l'unico livello che sale
è quella del rumore. »*

Georges Picard

Quando il suo medico gli diagnosticò il suo problema, il batterista di una famosa rock band dovette interrompere il suo tour. La parola cadde come una mannaia: "acufene".

Venne sostituito. Ma la cosa più grave e difficile con cui convivere era altro: era regolarmente assalito da rumori estranei, irritanti, che lo isolavano dal mondo esterno e gli procuravano mal di testa.

I suoi capricci lo rendevano irascibile. Era diventato impaziente, nervoso, sempre in allerta: da quanto era iniziata la crisi cominciò a sentirsi male. Tutta la sua vita era condizionata dal suo acufene; tutto ruotava intorno a questi momenti di angoscia, perché i rumori interiori diventavano ogni volta più dolorosi. La vita del nostro musicista era stata trasformata per sempre, rovinata dall'angoscia, da pensieri sul futuro. La sola vista di uno strumento musicale gli dava la nausea. Era diventato depresso, solo e amareggiato.

Per caso scoprì un libro sulla saggezza e una frase catturò la sua attenzione: "Esiste solo il presente: concentrati sul momento". Divenne subito consapevole dei suoi brutti pensieri e fu come una rivelazione per lui: i suoi attacchi di

acufene erano diventati l'unica ossessione della sua vita; l'
avevano avvelenata.

— È il momento che le cose cambino.

Imparò a concentrarsi sul presente. Oh ! Certo, I suoi
problemi di acufene non furono risolti...Ma ciò non gli
impedì di portare avanti altri progetti, di vivere il momento
presente. Riformò un altro gruppo musicale.

**La vita va vissuta nel presente: rivolgendoci
al futuro in modo prematuro, non costruiamo
nulla. Soffriamo.**

| 20 |

| L'ARTISTA E IL MENDICANTE |

LA RIGENERAZIONE INTERIORE

"Dopotutto, cosa possiamo guadagnare guardandoci sempre indietro e incolpare noi stessi, perché le nostre vite non sono andate esattamente come avremmo voluto ? »

Kazuo Ishiguro

Un grande attore ebbe un successo clamoroso. Notte dopo notte, si era inebriato di sale gremite e applausi. Era stato lodato, celebrato, ammirato. La sua voce aveva declamato tutti i bei testi scritti da altri. Era stato la voce di Shakespeare, Musset, Racine... E tutto ciò lo aveva reso orgoglioso. Ma poiché sapeva che era odioso, ha anche interpretato il "modesto" nella vita. Un giorno si imbatté in un mendicante che chiedeva carità. Le porse con condiscendenza una banconota da dieci euro, consigliandogli di lavorare.

—E dove vuole che lavori, signore?"

—Non so... ovunque?"

—Pensi che la vita sia tanto semplice nella mia situazione?

—Qualcosa so della tua vita: ho già interpretato il ruolo del mendicante", gli disse l'attore.

— Era un'opera su di me? disse il mendicante, fingendosi sorpreso.

— Uh no... ma era un mendicante, quindi...

— ...Quindi tutte le persone fanno beneficenza allo stesso modo?

— Uh... Non l'ho detto... Ma ci sono cose comuni.

— Siamo onesti: sono per strada perché me lo merito o per sfortuna?

— Un po 'di entrambi.

— Quindi mi sono meritato il mio destino?

— Senza dubbio ci hai messo del tuo, disse l'artista, sempre più imbarazzato.

— Non provi imbarazzo a dire queste senza sapere assolutamente nulla su di me? L'artista girò sui tacchi e si allontanò, felice che non ci fosse stato nessuno a sentirlo. E pensò ai suoi preconcetti.

Non è mai opportuno incolpare qualcuno in difficoltà. Rimanere umili quando il vento soffia nella giusta direzione è una delle regole di vita più importanti.

| 21 |

| SEMI |

LA FIDUCIA IN SE STESSI

*« Rimani umile davanti ai fatti,
rimani orgoglioso di fronte alle credenze. »*

Hugh Laurie

Un vecchio contadino, acciaccato dal peso degli anni, stava per morire. Era stato un uomo retto, buono e laborioso per tutta la vita. Avendo quattro figli e non sapendo scegliere a chi lasciare la sua modesta fattoria decise di premiare il più onesto.

Convocò i suoi figli nella sua stanza e disse loro:

"Figli miei, la mia forza mi sta abbandonando e presto non sarò più tra voi. Devo scegliere colui che coltiverà i miei campi e manterrà la mia fattoria bella e prospera. Ecco perché ho deciso di dare a ciascuno di voi un seme. Chi, in quattro settimane, avrà preso la migliore cura di questo seme, mi avrà dimostrato di meritare la fattoria.

I quattro ragazzi partirono e andarono a piantare il loro prezioso seme, chi in un vaso, chi in un po' di terriccio, che in una buona terra... Il più giovane si chiamava Basile, e invano si diede un gran da fare, annaffiò, scaldò, mise il seme al sole... ma nulla crebbe nel suo vaso. Si rifiutò di imbrogliare perché lo trovava indegno di sé e continuò coraggiosamente, imperterrito dalla disperazione, a prendersi cura del suo seme non germinante! Due settimane dopo, il padre chiamò i suoi figli, che tornarono ciascuno con il loro vaso. Tre dei ragazzi portarono con orgoglio una pianta di buone dimensioni. Basil, invece, aveva solo una pentola vuota e gli occhi pieni di lacrime... Doveva ammettere che i suoi fratelli sembravano essere stati migliori di lui.

Il padre gli parlò:

— Ebbene, tu, figlio mio, avrai la fattoria.

Gli altri tre protestarono, facendo notare che nella pentola del fratello non era cresciuto nulla.

— È normale, disse il padre, quei vecchi semi non servivano più a niente, sono insecchiti dall'anno scorso... ! Se i vostri semi sono cresciuti significa che vi siete disfatti del mio e ne avete preso un altro. Quindi, senza dubbio, quello che si è preso più cura del seme che avevo dato è stato Basil e non tu!

Basil si congratulò con se stesso per l'onestà che era riuscito ad avere

Rimanere onesti e coerenti con te stessi è il modo più sicuro per costruire la propria vita e sviluppare la stabilità interiore.

| 22 |

| ESSERE COSCIENTI |
SENZA SFORZI, SENZA ASPETTATIVE

*« È bene fidarsi del passare del tempo:
il futuro ci svela sempre i suoi segreti.»*

Eve Belisle

In un edificio di una grande multinazionale tre uomini in abiti immacolati aspettano davanti all'ufficio del direttore delle risorse umane. Sono lì per un colloquio di lavoro. Una prestigiosa posizione dirigenziale è l'oggetto della contesa.

Due di loro sono nervosi: si agitano, battono i piedi. Il terzo, è piuttosto sereno.

— Come fai a rimanere zen in quel modo? chiede uno dei due stressato.

—Sono in soggezione, disse il terzo. Io, sono davvero nel panico.

— Anche tu ? riprese il primo. Questo mi tranquillizza... ho sempre paura di sbagliare.

— E io, di non essere all'altezza, conferma il terzo. E tu, sembri così rilassato che sembra che tu stia aspettando nella sala d'attesa di un dottore...

—Beh... non lo so esattamente. Diciamo che non ho più qualità o abilità di te. Ma, di quelle che ho, ne sono consapevole.

In quel momento la porta si aprì e il direttore invitò il nostro uomo a venire. E lui si alzò con sicurezza.

Gli altri due si guardarono attoniti, meditando addirittura di andarsene ancor prima del colloquio talmente restarono basiti dalla sicurezza ostentata dall'altro.

Essere consapevoli di sé stessi è una leva essenziale per la fiducia e l'autostima. Ricorda la famosa massima greca: "conosci te stesso".

| 23 |

| CONFRONTARE NON È SEMPRE GIUSTO |

AGIRE SECONDO COSCIENZA

"È solo da un lungo confronto dei fatti
che l'uomo più saggio può
apprezzare ciò che li distingue. »
Mary Ann Evans

In un sottobosco, una pianta era preoccupata:

— Guardate quanto sono diversa da voi, amici miei, disse ai rovi accanto a lei. Non ho spine come voi per difendermi. No...no... Non vi assomiglio per niente. Io sono brutta.

Il giorno dopo si rivolse agli arbusti:

— Guardate quanto sono diverso da voi, amici miei. Non ho la vostra maestosità, né i vostri bei rami. Sono piccola, rispetto a voi che siete alti e imponenti.

Era certo che quella pianta, l'unica del suo genere nelle vicinanze, non si sentiva bene.

Poi chiamò uno scoiattolo che le passava accanto ogni giorno:

— Sei fortunato ad avere una pelliccia così bella e poterti muovere. Io non ho niente di tutto ciò.

Ma quando i raggi di sole irruppero, lo scoiattolo non poté fare a meno di sottolineare.

— Di tutte le specie animali e vegetali, tu sei la più bella. Confrontandoti con gli altri, non hai notato che i tuoi petali colorati illuminano il sottobosco? Non sei consapevole del tuo delizioso profumo?

La pianta si era infatti trasformata in un magnifico fiore selvatico, dal profumo delicato, che tutti ammiravano.

Il paragone non è giusto: la nostra vocina interiore è sempre più veloce a farci vedere ciò che non abbiamo invece di valorizzare noi stessi.

| 24 |

| L'ACCETTAZIONE NON È SOTTOMISSIONE |

ACCETTARE

> « *Nella cultura occidentale,*
> *parli sempre di libertà.*
> *Solo, per molti di voi,*
> *questa libertà non è la libertà di scegliere*
> *tra le tante possibilità offerte dall'esistenza,*
> *ma la semplice sottomissione*
> *alle passioni e agli impulsi.* »

> Bernard Minier

Un giorno, un mercenario sorpreso dalla neve, trovò rifugio in una grotta. L'atmosfera era morbida e calda e un profumo di incenso aleggiava nell'aria: la grotta era stata abitata per molti anni da un eremita che si diceva fosse molto saggio.

Il guerriero gli venne incontro e gli chiese un pasto. L'eremita si offrì gentilmente di condividere la sua pappa.

— Come !? Mangi solo quella porcheria per i maiali? Io mi nutro del cibo più delizioso, offerto dai miei committenti!

— Personalmente, prendo quello che arriva e il più delle volte lo trovo delizioso. Accetto e ricevo cose: il vento, la pioggia, il freddo, come i frutti o le visite...

— Ugh! Non capisco come fai a non muoverti, a non vivere, e ad aspettare stupidamente piuttosto che...

— Sì ? piuttosto cosa?

— Piuttosto che prendere la tua vita in mano! Per essere protagonista della tua vita! ruggì il mercenario.

— Ma io sono già il protagonista della mia vita! Decido di essere qui, qui, ora. Medito ogni giorno e poi mi godo ogni secondo con piena consapevolezza. E conduco la mia vita come ritengo opportuno!

— Accetti qualunque cosa accada, eh? Sei davvero solo uno sciocco!

Il saggio diede un terribile schiaffo al guerriero... che dopo un attimo di stupore sguainò la spada e gridò:

— Ho intenzione di ucciderti !

— Forse... Ma puoi vedere che conduco la mia vita come voglio, che sono libero come te, che non ho paura della morte e non amo che colui a cui offro vitto e alloggio, mi insulti... Per il resto, quello che deve succedere succeda...

E senza prestare più attenzione alla minaccia della lama che gli veniva tesa, il saggio si girò di nuovo e rivolse al combattente un grande sorriso.

Riconoscendo la forza d'animo del suo ospite, il mercenario si sedette e cercò di meditare.

Accettare non significa essere sottomessi e deboli: al contrario, è restare in piedi e assumersi la responsabilità delle proprie scelte.

| UNA STORIA DI FAMIGLIA |

NON GIUDICARE

« Non dovresti mai giudicare le persone.
Non lo sai quale dolore li fa a pezzi
nel profondo di se stessi.»

Mary Higgins Clark

Un abitante del villaggio rifiutò di prendere la strada principale che portava alla città. Dovette fare una lunga deviazione e perdere un'ora di tempo. Come mai ? Ebbene, doveva passare per un altro villaggio in cui viveva una famiglia con la quale la sua aveva litigato, generazioni prima. Il bisnonno, il nonno e il padre gli avevano sempre proibito di entrare in quel "paese maledetto", il cui primo podere era quello della famiglia rivale. Fin da bambino, ogni volta che si spostava verso la città, guardava con disprezzo quella casa in lontananza. Ma quel giorno andò in panne.

Era una serata tempestosa; La notte cominciava a calare sulla brughiera e la pioggia era così forte che si faticava persino a respirare. Doveva camminare. Giunto all'incrocio dei due sentieri, esitò. O prendeva la strada che aggirava il villaggio maledetto (ma ciò significava camminare per altre due ore buone), oppure andare lì a chiedere aiuto.

— Non mi abbasserò a chiedere loro di aiutarmi. Sono cattivi, pieni di odio e i miei antenati mi hanno sempre detto che stavano cercando la rovina del nostro popolo..

Una folata lo sospinse. È quasi cadde. Non aveva scelta. Andò al villaggio e suonò il campanello per chiedere aiuto proprio a quella famiglia. Si aspettava che le persone lasciassero andare i cani o lo insultassero, persino lo prendessero in giro.

La sua sorpresa fu grande quando venne accolto calorosamente. Gli fu offerto qualcosa da mangiare, qualcosa per asciugarsi. Ricevette ospitalità fino a quando la tempesta non si è calmò. Lasciandoli il giorno dopo, il nostro uomo si sentì in imbarazzo...

— Pensavo che ci odiassimo... E invece non avevano mai nemmeno sentito parlare dei nostri vecchi litigi. Sono stati così gentili.

Siamo spesso prigionieri dei nostri pregiudizi e delle nostre storie del passato. Non sono blocchi nella nostra vita?

| 26 |

| LA PAZIENZA È COME UN GENERALE |

LE VIRTÙ DELLA PAZIENZA

« Ho sempre preferito gli occhi dei perdenti,
c'è molto di più nei loro occhi, vuoti, dubbi, silenzi.
La vittoria ti rende stupido.
La sconfitta apre affascinanti brecce. »

Nicolas Delesalle

Uno stratega dell'esercito ateniese sta pensando alla giusta strategia da applicare per sconfiggere il nemico spartano. Decide di andare a consultare l'oracolo della Pizia. Nel tempio di Delfi, immersa nelle tenebre, gli annuncia: "La vittoria sarà tua quando la terra ai tuoi piedi sarà bagnata".

"Che strana profezia", pensò tra sé e sé.

Una settimana dopo, l'esercito spartano si avvicina pericolosamente. I suoi generali lo esortano ad andargli incontro, secondo il consiglio della Pizia. Improvvisamente, la pioggia comincia a cadere: "Ecco il suolo bagnato!" Ecco il segno divino! dice il suo secondo.

Ma per il nostro stratega, non è ancora il momento giusto. Nessuno intorno a lui lo capisce. Alcuni dei suoi comandanti lo prendono per matto, la sua passività li stupisce. Quindi lanciano l'assalto contro i nemici, senza l'accordo del loro capo.

Ma il giorno dopo tornano contriti. L'assalto è fallito. Peggio ancora, allo stratega viene annunciata la morte di suo figlio, che era uno dei soldati arruolati.

Non riesce a trattenere le lacrime. Ginocchia a terra, piange. Piange così tanto che si rende conto che il terreno intorno a lui è bagnato dalle sue lacrime.

A quel punto si alza dicendo:

- La vittoria è nostra. Andiamo !

Gli Ateniesi respingono definitivamente gli Spartani. Lo stratega è elogiato per la sua saggezza in battaglia e la sua pazienza.

Come per questo generale, la pazienza ripaga sempre quando si aspetta il momento giusto.

| 27 |

| CHIUSI IN SE STESSI |

LE VIRTÙ DELLA PAZIENZA

*« Per vedere le stelle devi aspettare la notte,
e stranamente, in tutte le indagini più importanti,
la polizia deve aspettare che l'oscurità scenda
per cominciare a vedere la luce. »*

Arthur Upfield

La primavera si sta svegliando. Anche due marmotte. Nella tana che hanno condiviso riprendono vita mentre si allungano.

— Ho un buco nello stomaco!

— Anche io. Dopo questi mesi invernali, bisogna andare a cercare qualcosa da mangiare.

Detto questo, si sporge il muso dalla tana. Respira l'aria pura di montagna.

All'improvviso vede in lontananza una volpe affamata, in cerca di una preda. Si rifugia nella sua tana.

— Cosa ti succede ? chiede la compagna.

— Bisognerà aspettare un po' per mangiare: una volpe è in agguato.

— Assolutamente no, ho troppa fame. Non posso restare qui un altro minuto.

— Sei pazza. Aspetta ancora un po' che se ne vada.

—No. Non c'è modo. Di volpi ne ho già seminate prima nella mia vita; non mi prenderà.

Esce con cautela e sfoglia alcune erbe. Dopo una decina di minuti:

- Vieni ! Ti sei preoccupato per niente. Non c'è niente di cui aver paura.

Ma la volpe si è avvicinò da dietro e piombò sulla marmotta per afferrarla con la sua mascella decisa.

Saper aspettare

e controllare gli impulsi

del corpo e della mente

è un segno di saggezza.

| 28 |

| I CONTADINI |

UNA RIGENERAZIONE INTERIORE

> *« La vita è un grande gioco,*
> *ne peschiamo delle carte,*
> *scegliamo il meglio,*
> *manteniamo le risorse. »*

Agnès Ledig

È stato molto tempo fa. Due contadini, uno giovane, l'altro vecchio, lottavano per seminare grandi campi. Il sole era alto. Il cielo luminoso annunciava una giornata calda.

I giovani si lamentavano, i vecchi resistevano. Con grandi bracciate gettarono raffiche di grano nella terra appena arata.

— Da quanto tempo lo fai, vecchio?

— Poco più di trent'anni.

— Che noia, questi campi sembrano infiniti, non credi?

Il vecchio sorride. Poi disse:

— È perché il tuo braccio manca di vigore e precisione. Guarda il mio gesto.

E gettò via la sua manciata di grano con gesto sicuro e ampio. Il giovane, preso d'orgoglio, rispose:

— E allora? Guarda anche il mio gesto.

E gettò col pugno.

— Non male, disse il vecchio, ma su un campo, scommetto che sono meglio di te.

— Affare fatto! affermò il giovane.

Ed ecco i nostri due seminatori che si misero a seminare un altro campo con velocità e concentrazione.

— Ti batterò! disse il vecchio.

— Non prendi un centimetro da me!" risponde il giovane. Finito il campo, il vecchio si avvicina:

— Quindi, seminare questo campo è stato meno noioso degli altri?

— Certo ! C'è stata una scommessa.

— Nessuna scommessa, non avevamo scommesso niente… rispose il vecchio. Solo un gioco. Ricorda che si può essere seri, lavorare sodo mantenendo l'anima di un bambino: vale a dire divertirti nel fare le cose e riscoprirle come un gioco.

La vita è un gioco :

se la guardi in questo modo,

tutto ti sembrerà più leggero.

| 29 |

| MODALITÀ AUTOMATICA |

LA FIDUCIA IN SE

*« Per fare grandi cose
ci vuole una certa insensibilità
che ti permette di staccarsi dai piccoli,
da quelli che ti agganciano ad ogni passo.
A meno che non ne incontri uno piccolo
che cresce di dimensioni. »*

Charles Messager

C'era una volta in una montagna uno strano ponte: era una lunga fune che permetteva, se si aveva coraggio, di passare da una parte all'altra di un enorme crepaccio. Davanti alla corda, un cartello diceva: "Sii leggero senza essere pazzo".

Tre uomini vennero sbuffando. Erano i messaggeri del re e avevano un messaggio urgente da consegnare. Avevano scelto questa scorciatoia per risparmiare tempo.

Vedendo il ponte e il vuoto sottostante, esitarono.

Il primo vi andò tremante. Durante la traversata pensò: «Sto per cadere, sto per cadere... certo, sto per cadere...» e in mezzo al ponte cadde.

Anche il secondo ci provò, tremante, rosso di paura. Durante la traversata, pensò: «È così semplice! È così sicuro! Non c'è nulla da temere...» e a metà della traversata cadde pure lui.

Il terzo vi andò tremante ancor più degli altri. Aveva visto i suoi amici sprofondare in fondo al crepaccio e il cuore gli batteva forte.

Allora si disse: «O mio cuore, calmati, questa è una prova, la supereremo insieme. O mio corpo, calmati, è una prova, la supereremo insieme. O mente, sii ferma, è una prova, la supereremo insieme»; e così parlando a se stesso giunse dall'altra parte, quasi padrone di sé, e si rimise a correre.

Ogni passo verso l'obiettivo

è già una vittoria.

| 30 |

| ASPETTATIVE

(DELLA MENTE) |

SENZA SFORZI, SENZA ASPETTATIVE

> *« La vittoria di una grande causa*
> *non si misura soltanto*
> *nel raggiungere l'obiettivo finale.*
> *È già un trionfo mostrarsi*
> *all'altezza di tali aspettative*
> *nel corso della propria vita.»*

Nelson Mandela

Un giorno un contadino ricevette in dono per suo figlio un bellissimo cavallo bianco. Era un animale magnifico che suscitò l'ammirazione del villaggio.

Il giorno dopo, un vicino venne ad ammirare la bestia e si congratulò con il contadino:

— Sei molto fortunato. A me non donerebbero certo un cavallo bianco così bello!

Il contadino rispose:

— Non so se sia un bene o un male.

Poche settimane dopo, il figlio del contadino montò a cavallo, che si rivelò riluttante; lo fece volare. Il giovane si ruppe una gamba e non fu in grado di aiutare i genitori nei campi per molto, molto tempo.

— Oh, che disgrazia! disse il vicino. Avevi ragione sul fatto che poteva essere una brutta cosa. Tuo figlio è infortunato ora. Come farai a garantire il prossimo raccolto senza le sue braccia?

Il contadino rispose:

— Non so se sia un bene o un male.

Passarono alcune settimane dopo l'incidente. La guerra era appena stata dichiarata: tutti i giovani del villaggio furono requisiti. Il figlio del contadino, con la gamba rotta, non fu però mobilitato.

Il vicino poi tornò e disse:

— Di tutti i giovani del villaggio, tuo figlio è l'unico che non va in guerra; Certo, è molto fortunato!

E il contadino a ripetere:

— Non so se sia un bene o un male.

La vita va avanti, qualunque cosa accada. Quando la mente pone delle aspettative su di essa, c'è sempre il rischio di delusioni e disgrazie.

| 31 |

| TRASFORMAZIONE |

AGIRE CONSAPEVOLMENTE

*« ... la caratteristica principale della gentilezza
disinteressata è l'essere irriconoscibile,
inconoscibile, invisibile, insospettabile »*

Amélie Nothomb

C'era una volta un uomo che si era perso. Aveva vissuto di furti e bugie. Era un manipolatore, crudele e pieno di rabbia. Niente lo ha trattenne nella vita. Stava vagando senza meta quando un giorno si trovò faccia a faccia con un eremita. Impressionato dalla calma che emanava dal saggio, senza sapere bene il perché, cadde a terra e lo implorò, chiedendogli di illuminarlo e di trovare perdono per la sua vita malvagia.

Il vecchio gli sorrise e gli mostrò un vecchio albero carbonizzato da un fulmine:

—Vedi quel vecchio albero morto laggiù? Bene, sarai perdonato quando fiorirà di nuovo!

L'uomo fu deluso e la sua rabbia si riaccese:

— In altre parole mai, ribatté l'uomo. Tanto vale non cambiare nulla nelle mie abitudini in questo caso.

L'uomo ripartì per i sentieri, seminando sventura tra coloro che incontrava.

Una sera si avvicinò a una vecchia fattoria. Sbirciando dalla finestra, vide una donna con i suoi bambini affamati, raccolti attorno a un calderone. Stava cantando una ninna nanna:

—Dormite piccoli miei. La mamma prepara la zuppa. Dormite, dormite fino a domani. »

Incuriosito, aspettò che la donna se ne andasse e, dopo essersi intrufolato all'interno, aprì il coperchio del calderone: era pieno di pietre. L'uomo scrollò le spalle, tolse i sassi e vi gettò dentro, dopo averlo fatto a pezzi, il montone che aveva appena rubato. Si preoccupò di riaccendere il fuoco sotto il calderone prima di andarsene, toccato da tanta miseria e dal destino di questa triste famiglia.

Quel giorno, il vecchio albero fiorì di nuovo.

È stato attraverso un atto disinteressato che il nostro uomo è cambiato: ha ottenuto il perdono aprendo il suo cuore.

| 32 |

| I PRIGIONIERI |

ACCETTARE

*« La meditazione è cancellazione,
un silenzio, un'apertura,
quindi un'accettazione, un non conflitto. »*

Arnaud Desjardins

Molto tempo fa, due uomini furono ingiustamente accusati e fatti prigionieri. Erano stati legati con corde spesse e lasciati in un cortile prima di essere uccisi.

Se un filosofo avesse visto la scena, avrebbe osservato che queste corde potevano simboleggiare i pensieri degli uomini, presi loro malgrado nel groviglio delle loro menti. E anche quando non si ha più voglia di pensare, il legame è lì che ancora ci racchiude.

Il primo uomo era ottimista. Era abituato a comandare, dirigere e si lusingava di condurre la sua vita come il capitano di una nave. Che fosse stato accusato ingiustamente lo rendeva furioso, tirava le corde, lottava, lottava con tutte le sue forze.

Il secondo uomo era più modesto, conosceva la vita, i colpi del destino e la fragilità delle nostre conquiste. Sapeva che l'ingiustizia era possibile e l'accettava, incapace di fare altrimenti, invece di tendersi e contrarsi.

Il primo uomo gli gridò: "Codardo!" Ma muoviti! Fai qualcosa ! Non starai a guardare, idiota! ".

L'altro, invece, si lasciava andare, respirava tranquillo e tutto il suo corpo si rilassava. Presto fu così flessibile e ondeggiante come un serpente che si liberò facilmente dai nodi e dalle corde che lo trattenevano. Liberò il suo compagno e scapparono facilmente.

Non irrigidiamoci contro la vita, è inutile. Accettiamo le cose, perché, come in questo racconto, non si tratta di non fare nulla, né di lasciare che le cose accadano.

| 33 |

| AMARE SE STESSI |

NON GIUDICARE

« *La maggior parte degli uomini
vuole essere ammirato più che amato.
L'ammirazione soddisfa l'autostima,
e tutti gli uomini ce l'hanno.
L'amicizia è una questione di sentimenti,
e ci sono molte persone che non ne hanno . »*

Marie-Geneviève-Charlotte Darlus, (1760)

Un oratore termina il suo discorso. E' una personalità riconosciuta, ricca, apprezzata e... disabile... Fin dalla nascita vive nella sedia a rotelle, il corpo deformato da un parto difficile.

Tuttavia, è radioso e suscita ammirazione. Una mano poi si alza tra il pubblico. Una mano timida e snella. È una giovane donna fragile che parla; anche lei è su una sedia a rotelle e conosce i morsi della disabilità:

— Come riesci a costruire la tua vita quando non puoi avere le stesse possibilità degli altri? Tu, come me, non hai le stesse abilità degli altri alla nascita... Eppure ce l'hai fatta. A me invece sembra di non arrivare da nessuna parte... Qual era il tuo segreto?

L'oratore sorride e si compiace di questa risposta:

— Mi sono amato. Se ami te stesso, se ami il tuo corpo con i suoi limiti e le sue risorse, la tua mente non sarà più concentrata sui vincoli. Non penserai più a ciò che non puoi fare, ma a tutto ciò che puoi fare.

Siamo pronti a svalutarci, a confrontarci. Così facendo, noi stessi limitiamo le opportunità che la vita ci offre.

| LA PIANTINA CHE SOGNA DI ESSERE UNA GRANDE QUERCIA |

LE VIRTÙ DELLA PAZIENZA

> *« La felicità è quello stato d'animo*
> *dove possiamo amare il presente. »*

Patrick Bauwen

In una radura due piantine si parlano:

— Io, disse la prima, sarò una grande quercia. Sarò la più alta delle querce. Oh si! afferma con convinzione.

L'altra la lascia parlare, con benevolenza.

Per anni e anni, racconta la stessa storia:

— Vedrai. Ombreggerò tutta questa porzione di territorio. Vedrai ! Vedrai, aggiunge, affrontando gli elementi della flora circostante. Sarò così grande che vi proteggerò tutti.

Gli animali sorridono.

Gli anni passano. L'arbusto che sognava di essere una grande quercia parlava così tanto, si proiettava così tanto nel futuro da dimenticare di secernere abbastanza linfa. L'altro, ascoltandolo sempre con gentilezza, aveva fatto quanto era necessario per crescere e diventare un albero robusto.

La pianta che sognava di diventare grande, invece, non si era nemmeno accorta che era rimasta ridicolmente piccola. Non era diventato la grande quercia che aspirava a essere, tutt'altro.

La forza del presente è quella di saper mobilitare in ogni momento tutte le sue competenze, al servizio del futuro, e non viceversa.

| PER POCHI GIORNI |

LE VIRTÙ DELLA PAZIENZA

*« Ho imparato che la pazienza
è una virtù suprema,
la più elegante e la più dimenticata.
Ha aiutato ad amare il mondo
prima di pretendere di trasformarlo. »*

Sylvain Tesson

Era il grande giorno per un discepolo del karate. Era stato uno studente diligente e praticava intensamente sotto l'occhio vigile del suo maestro. Quel giorno avrebbe ricevuto il titolo di istruttore e avrebbe potuto realizzare il suo sogno: fondare una propria scuola e insegnare ciò che lui stesso aveva imparato. Era impaziente perché era tanto tempo che ci pensava. Aveva pianificato tutto: la disposizione della stanza, il prezzo delle quote, il posto, gli esercizi… tutto.

Ma la fortuna non lo aiutò: si era infatti alzato un temporale. Piovve molto da giorni. Il nuovo istruttore girava in tondo e ogni mattina malediceva il cielo quando vedeva che il temporale non accennava a cessare.

Cominciava sempre più a preoccuparsi e rimuginare; e disse al suo maestro:

— Maestro, in questo momento sono sconvolto: ho lavorato duramente per diventare un istruttore e ora una tempesta mi impedisce di partire per realizzare il mio sogno.

Il maestro restò in silenzio.

— Maestro, cosa posso fare?

— Non c'è niente da fare, caro amico. Hai sopportato l'allenamento per così tanti anni; hai aspettato fino ad oggi Non puoi aspettare ancora qualche giorno? Dopo la pioggia, il sole. Non ti ho insegnato la pazienza?

Il discepolo si inchinò, comprendendo che il tesoro più grande della sua formazione non erano tanto le capacità fisiche quanto la pazienza del suo impegno.

| 36 |

| UN'ANIMA DA BAMBINO |

UNA RIGENERAZIONE INTERIORE

*« I bambini giocano a caccia al tesoro,
gli adulti alla gara agli onori
e sarà sempre così. »*

Denis Tillinac

Un signore aveva consumato diversi passaporti tanto aveva viaggiato. Aveva visto così tante cose che nulla lo stupiva più. I luoghi erano oramai qualcosa di noioso, ovattato, che lo rendeva indifferente. L'obbligo di isolamento lo avevano bloccato in Francia e si era rassegnato a visitare sua figlia e suo nipote. Non gli piaceva molto la famiglia. A suo nipote, un bambino di otto anni, non importava del prezioso orologio che lui gli aveva regalato. Quello che voleva era dormire con lui nella capanna che aveva costruito in giardino.

— Il nonno lo farà, disse sua madre. È un avventuriero.

— Certo, disse il nonno, preso nell'orgoglio. Ho fatto safari in Africa qualche anno fa.

Il bambino esplose di gioia, è andò a prendere sacchi a pelo, due torce elettriche e poi sistemò i letti. Al momento di coricarsi, il nonno non era più così felice di dormire in giardino, quasi sotto le stelle.

—Vedrai, sarà una grande avventura disse suo nipote.

— Tu credi ?

— Certo ! L'hai già fatto?

—Ehm... No...

— Quindi è un'avventura.

Così il vecchio si sdraiò accanto al nipote, divertito dalla sua ingenuità, dal suo stupore, dal suo piacere nel maneggiare la sua piccola lampada dinamo. All'improvviso, riaffiorarono nella sua mente i ricordi d'infanzia. Quando era piccolo, tutto gli sembrava incredibile, il pane aveva un sapore così buono... Il giardino di sua nonna sembrava immenso... E possedere una bicicletta cromata era un sogno prodigioso. Improvvisamente il signore, o meglio il nonno, ora di nuovo bambino, assaporava l'odore dell'erba, il fresco della sera, il suono dei grilli. Ascoltò con gioia il respiro pacifico del nipote addormentato. E poi si sentiva umano, vivo e incredibilmente commosso.

Ritrovare il bambino che c'è in noi,

è connettersi

nel momento presente e gustarlo.

| L'UCCELLINO |

LA FIDUCIA IN SE STESSI

*« Le mie capacità sono state modellate
dai miei successivi fallimenti;
la mia presenza, dalle mie conquiste.
È tutta arte. »*

Vincent Cespedes

Un uovo d'aquila era stato scoperto da un contadino. Convinto di avere a che fare con un uovo di gallina, l'uomo lo mise nel suo cortile.

L'uccellino così nacque circondato da galline. Cominciò a camminare come una gallina, ridacchiare come una gallina, beccare come una gallina.

Mentre beccava, la sua attenzione fu catturata da un'ombra che attraversava il cielo: osservò quindi un enorme uccello librarsi maestoso nel cielo.

— Cos'è questo uccello? chiese l'aquila piccola allevata tra le galline della prateria.

— È un'aquila. Il più grande e agile di tutti gli uccelli! gli risposero.

La piccola aquila pensò a che sensazione magica doveva essere librarsi nel cielo. Ma poiché sapeva che non avrebbe mai potuto essere un'aquila, il giovane uccello dimenticò rapidamente il suo sogno e tornò a beccare i suoi semi.

Visse tutta la vita, come una gallina della prateria, ignaro di avere la capacità di volare nel cielo come quell'aquila che aveva tanto ammirato.

Le nostre risorse interiori

sono enormi,

ma di solito preferiamo

dare credito a pensieri limitanti.

| 38 |

| UN ERBA COSÌ VERDE |

SENZA SFORZI, SENZA ASPETTATIVE

«Le cose finiscono per sbilanciarsi »

Pete Dexter

In fondo alla valle si incrociano due stambecchi. Il primo, pieno di arroganza, camminando fiero come Artaban davanti alle femmine, grida all'altro animale:

— Non sei alla mia altezza.

— Ah… risponde l'altro stambecco con tono cupo.

— Sono lo stambecco più veloce e resistente della regione. Per dimostrartelo, ti sfido: dovrai raggiungere l'alpeggio lassù. L'erba è grassa e deliziosa. Chi arriva per primo può approfittarne.

— Va bene.

Detto fatto, il primo stambecco decolla. Si precipita a tutta velocità e si affretta a finire per primo per stabilire il suo status con gli altri stambecchi.

Parte anche il suo rivale, ma più piano. Semplicemente trotterella, alle calcagna del primo che è sempre nel mirino

Dopo una giornata di folli corse, l'orgoglioso stambecco arriva in alpeggio: è completamente esausto per le energie spese al galoppo a tutta velocità. Arrivato, cade a terra, esausto. Un'ora dopo, il secondo arriva con passo vivo e misurato allo stesso tempo. È ancora abbastanza coraggioso da dirle:

— Non avevo capito che lo scopo del gioco era arrivare per primo. Guardati: sicuramente sei arrivato prima di me, ma non riesci più nemmeno a stare in piedi e nemmeno a brucare l'erba. Quanto a me, lo assaporerò.

Nella vita, chi misura i suoi sforzi

può godere dei frutti della sua azione di più

di colui che si precipita allo sfinimento.

| 39 |

| UNA VITA SALVATA |

AGIRE CONSAPEVOLMENTE

« L'altruismo non consiste nel
fare qualche buona azione di tanto in tanto,
ma essere costantemente preoccupati
del benessere degli altri. »

Jean-François Ricard

Un giorno un uomo stava camminando lungo un sentiero. Ma il cielo era coperto di nubi che velavano il sole. La pioggia cominciò a cadere. Una pioggia battente. Molte lumache uscirono fuori, una manna dal cielo per loro. Presto le gocce coprirono la strada. L'uomo continuò la sua passeggiata nonostante la pioggia, quando vide un bambino a lato del sentiero: stava raccogliendo le lumache e le deponeva ai lati della strada con grande attenzione. Lavorava con entusiasmo.

— Cosa ci fai qui, amico? chiese l'uomo, sorpreso dalla frenesia del bambino che andava in tutte le direzioni.

— Salvo le lumache, così non vengono schiacciate.

— È ridicolo: guarda, sono ovunque. Non riuscirai mai a salvarle tutti. E i passanti non guardano dove stanno camminando, si sa... Non puoi farci nulla, non puoi cambiare le cose...

Il bambino continuò, nonostante tutto, il suo lavoro: si avvicinò all'uomo, afferrò una lumaca che era ai suoi piedi e gli disse:

— Per lei sì che cambia tutto!

L'uomo rimase colpito dalla dolcezza e dalla sagacia del bambino.

Un atto disinteressato

vale più delle parole vuote.

L'altruismo è una qualità immensa.

| VOLER VEDERE LA VITA PER COM'È|

ACCETTARE

> « *Tutti i fiori ci lasciano*
> *in eredità, durante la loro vita,*
> *il loro colore e la loro innocenza.*
> *Contemplarli porta alla vita perfetta.* »

Christian Bobin

Non può esserci un vero pessimista vivo. Quest'uomo, per esempio, era intelligente, un brillante conversatore, beffardo, ironico. Fumava le sigarette emettendo lunghi sbuffi di fumo, silenzioso. Niente era buono ai suoi occhi: le persone, gli stupidi, i piaceri, i vanitosi, i bambini, il futuro, il destino, il vuoto... Negava tutto ciò che poteva essere grande, semplice o bello.

Una notte mentre andava a letto mandando un ultimo messaggio disperato a un amico ("Smettila di augurarmi la buonanotte. Una notte a letto non può essere buona, è lì che la maggior parte delle persone muore"), un fantasma opalescente apparve fluttuando davanti a lui:

— Ah...! Finalmente eccomi! disse il fantasma.

L'uomo sbatté i denti e gli chiese cosa volesse...

—Sono venuto per aiutarti, disse il fantasma. Ti lamenti dell'esistenza umana da così tanto tempo che abbiamo deciso di concederti il nulla stasera.

— Che cosa ? gridò l'uomo. Ma... per niente... non voglio...!

— Sei stato negativo su tutto per anni, pessimista su tutto... La morte sarà un sollievo, questo è certo...!

L'uomo improvvisamente sentì sinceramente quanto aveva da perdere e gli chiese di posticipare la sua morte.

Forse la vita non è perfetta

ma merita di essere vista

e vissuto così com'è.

| 41 |

| CIÒ CHE È BENE E CIÒ CHE È MALE |

NON GIUDICARE

> « *Dopo aver vissuto bene o male,*
> *non sarebbe sbagliato trascorrere*
> *altri dieci anni a guardare vivere altre persone,*
> *ridendo a crepapelle della loro stoltezza,*
> *e dicendo a se stessi:*
> *"Non ne faccio più, ma le capisco tutte.* »

Victor Cherbuliez (1880)

Un turista fece un viaggio in un paese lontano. Scoprì molte pratiche sorprendenti e persino scioccanti e decise di confessare al suo ospite:

— Nel mio paese prendere in giro Dio e bestemmiare è molto grave.

— Nel mio non lo è, ha risposto il suo interlocutore.

— Nel mio paese è vietato criticare il re.

— Nel mio non lo è.

— Nel mio paese, le donne hanno il diritto di truccarsi e di essere libere.

— Nel mio non lo è.

— Nel mio paese, la proprietà privata è sacra.

— Non nel mio: chiunque è libero di possedere o meno, di condividere o meno.

— Nel mio paese, l'educazione dei bambini è una priorità: incoraggiare l'abbandono scolastico è sbagliato.

— Nel mio, i bambini sono liberi di scoprire il mondo da soli e fare le proprie esperienze. Forzarli in un sistema che non gli si addice è sbagliato.

Dopo qualche giorno in più di scoperte, il nostro turista tornò nel suo paese, forte di queste differenze di punti di vista.

Il buono, il cattivo,

tutto è relativo

a seconda della posizione

e delle epoche.

| 42 |

| IL DIO CHE NON POTEVA DORMIRE |

LE VIRTÙ DELLA PAZIENZA

*« Le persone reagiscono alla rabbia come specchi. Sono i
neuroni specchio che agiscono.
Queste strutture di riconoscimento
che permettono l'apprendimento per imitazione.
Come un bambino
imita le reazioni facciali dei suoi genitori.
La rabbia contamina la folla. »*

Patrick Bauwen

Un'antica leggenda racconta la storia di un Dio che si
sentiva non riconosciuto al suo giusto valore, né si trovava
al posto che gli spettava nel cortile del palazzo degli Dei.

Fomentava giorno e notte, rimuginando continuamente,
tra scoppi di rabbia e strategie subdole.

Divenne conosciuto come un Dio raro. Lungi dal calmarsi,
era sempre più deciso, sbattendo il pugno sul tavolo durante
le riunioni e gridando ingiustizie di fronte a tanta mancanza
di considerazione.

— Guarda come mi tratti, maledizione! Sono superiore a
molti di voi! Non devo giustificarmi con te!

Accecato dalla rabbia, non riusciva a dormire. Ogni notte,
la sua rabbia lo faceva alzare e camminare. Rimasto solo
nella sua casa-tempio in cielo, era stato semplicemente
messo da parte. Rimase così, con questa rabbia interiore, per

secoli e secoli. Nessuno venne più a trovarlo. Gli uomini si dimenticarono pure il suo nome.

Quando un giorno si accorse del suo errare, disse a se stesso: "Tutto è perduto; Non devo più preoccuparmi del mio posto con gli Dei. Gli uomini stessi non sanno più chi sono".

Il suo risentimento si sciolse, fu la prima volta che riuscì finalmente a dormire. Le sue notti ora erano così tranquille che si guadagnò il soprannome di "Dio Morfeo".».

La rabbia illegittima non porta mai alla serenità interiore o allo sviluppo personale. È una forza distruttiva per colui che ne è l'autore. Lasciare andare la rabbia porta alla calma interiore.

| 43 |

| IL SENTIERO |
LE VIRTÙ DELLA PAZIENZA

*« Gli uomini non hanno tenuto conto
che del punto di partenza e del punto di arrivo
dimenticano il percorso che li separa»*

Yann Apperry

Un ghepardo molto sicuro di sé derise una gazzella:

— Sono l'animale più veloce.

— Se lo dici tu,rispose la gazzella.

— Ho una sfida per te, se non mi credi: correremo in cima alla montagna laggiù. Se perdi, ti divoro.

— Non ho altra scelta che accettare.

Il ghepardo si precipitò: procedeva a passo svelto. La gazzella stava trotterellando. Incontrò una zebra a cui si era incastrato il piede e l'aiutò a liberarsi.

Sulla strada per la montagna, incontrò anche un leone con il quale decise di scambiare due parole. Poi un serpente e altri animali ancora. Addirittura, aiutò un bufalo a ritrovare il suo vitello.

Naturalmente, il ghepardo arrivò per primo:

— Sono qui da tre giorni. Non ho mangiato niente e siccome ti ho dimostrato che ero il più veloce, ti mangerò, disse nonostante la stanchezza.

Ma in quel momento, dietro di lei, apparvero gli animali che la gazzella aveva aiutato e incontrato durante la sua corsa:

— Puoi essere il più veloce ma non torcerai un capello al nostro amico!

La cosa più importante nella vita è il percorso e gli incontri che ci fai.

| 44 |

| IN UN FIUME |

UNA RIGENERAZIONE INTERIORE

Frédéric Lenoir

Due pesci assaporavano la tranquillità di un fiume dalle acque limpide. Andavano e venivano nella dolce corrente, infilandosi tra le alghe o rifugiandosi nei buchi della riva, stretti con le radici.

—Mi piace questo posto, disse il primo pesce. Lo conosco a memoria.

— E invece no, rispose il secondo.

— Come mai ? Sono nato qui, questo fiume è il mio fiume!

— Ne conosci solo una parte, dall'altra parte dello specchio c'è un mondo che ignori (stava parlando della superficie).

— Poco importa ! Conosco il posto in cui vivo a memoria: so dove le alghe sono le migliori, dove trovare gli avannotti, dove le mosche si perdono...

— Forse, questo posto è piacevole sono d'accordo. Ma l'acqua in cui nuotiamo non è mai la stessa, a volte fresca, a volte impetuosa, a volte lenta, a volte rapida... Devi riscoprire questo fiume giorno dopo giorno, così come devi, giorno dopo giorno, scoprire dove si mette il pescatore per cercare di prenderci.

L'altro pesce non trovò nulla a cui rispondere e pensò a quelle parole profonde.

Andare oltre la propria comfort zone è scoperta, esperienza e la certezza di non girare in tondo.

| 45 |

| SCEGLIERE LA PROPRIA STRADA AD OGNI ISTANTE |

LA FIDUCIA IN SE STESSI

> « *Smetti di mettere ovunque*
> *pensieri non necessari.*
> *Se segui il tuo istinto, non sbagli mai.*
> *Ogni anno, gli uccelli migrano*
> *senza sapere perché.*
> *Bene, noi dovremmo fare lo stesso,*
> *muoviti tutto il tempo,*
> *senza fare troppe domande.* »

Lorenzo Marone

Che desolazione nella foresta: a memoria di animali, non c'era mai stata una pioggia così violenta! Gli uccelli si nascondevano tra i rami, i conigli nelle tane e i cinghiali nel sottobosco. Gli animali nascosti videro un topo camminare…

— Ma dove stai andando, topolino, con questo brutto tempo?

— Vado su per la collina, lì mi sentirò meglio.

— Ma sei matto, sarai fradicio.

Il topo si avviò senza ascoltare i commenti.

Ai margini della foresta, superò mucche, capre e pecore rannicchiate insieme per evitare di essere congelate dalla pioggia. Gli dissero:

— Ma dove stai andando, topolino, con questo brutto tempo?

— Vado su per la collina, lì mi sentirò meglio.

— Ma sei pazzo, verrai congelato.

Il topo continuò per la sua strada e presto arrivò in cima
alla collina. Su un piccolo promontorio vide la campagna
desolata, i campi umidi e la foresta luccicante di pioggia.
Ma sentiva che lì stava meglio. Piovve tutta la notte.

E la mattina intorno a lui c'era solo un enorme lago...: gli
animali erano stati travolti dalle inondazioni, gli alberi
erano crollati, sradicati dal torrente di fango, e lui, non
ascoltando nessuno se non la sua voce interiore si era
salvato.

Ogni momento della vita è un'opportunità:

sono le scelte che facciamo a

determinarne il corso.

| 46 |

| VOGLIO |

SENZA SFORZI, SENZA ASPETTATIVE

> *« Anticipare il tempo con i pensieri*
> *ci dà tre poteri distinti:*
> *progettare, volere, preparare. »*

Jean-Louis Servan-Schreiber

In un villaggio, una leggenda narrava che chiunque avesse catturato un pesce rosso nel vicino fiume sarebbe diventato immensamente ricco. Lo dicevamo ai bambini. Tutti sapevano che questa leggenda è stata creata per farli dormire.

Uno di loro, tuttavia, prese la ferma decisione che questo pesce sarebbe stato suo.

— Voglio catturare quel pesce. Voglio diventare ricco.

Gli anni passarono. La risata divertita degli abitanti si trasformò in schietta presa in giro di fronte a questo ragazzo che era diventato un adolescente, poi un uomo e infine un vecchio. Ogni giorno andava in riva al mare, con una canna da pesca, perlustrando gli angoli e le fessure per trovare questo pesce leggendario che non era altro che una semplice storia di villaggio.

Quando si provava a ragionare con lui, rispondeva:

— Voglio quel pesce e lo prenderò! Non resterò deluso. Vedrete, vedrete!

Poi, nel tempo, ripeteva semplicemente:

— Voglio. Voglio. Voglio.

Tutta la sua vita trascorse così fino al giorno della sua morte. Non aveva mai smesso di credere alla sua mente, di credere a questa storia. La sua volontà lo aveva ingannato: la sua mente era così attaccata a questa leggenda che l'uomo trascorse la vita invano.

Volere a tutti i costi è un'illusione della nostra mente: crea tensione interiore e ci fa perdere le altre opportunità della vita che ci si presentano.

| 47 |

| L'ONERE |

AGIRE IN CONSAPEVOLEZZA

« La pioggia spinge a rimuginare sui nostri pensieri.
Non guardiamo gli altri quando piove;
camminiamo a capofitto,
lo sguardo fisso sulle pozzanghere agitate»

Karen Maitland

Due signori arrivarono un giorno in una città. Era tutto molto animato. Nella grande piazza centrale, davanti a un albergo, una signora aspettava di essere aiutata a scendere dalla sua portantina.

La pioggia aveva lasciato dappertutto pozzanghere di acqua sporca e fango. La dama non poteva attraversarle senza sporcare il suo lungo vestito, testimonianza della sua ricchezza e della sua alta stirpe. Era immobile, seccata e molto arrabbiata; rimproverò i suoi servi.

Questi ultimi erano imbarazzati: le loro braccia erano occupate dai pacchi che portavano per lei; non sapevano dove metterli senza bagnarli o senza qualcuno che li afferrasse.

Il più giovane dei due signori si accorse della signora, non disse nulla e si avviò. Il più grande le si avvicinò e la sollevò, prendendola tra le sue braccia per farla attraversare le pozzanghere e metterla dall'altra parte.

Senza dire una parola, la signora lo mandò via e poi girò sui tacchi, con un palese disprezzo. I suoi servi hanno seguito l'esempio per non infiammare ulteriormente la rabbia della loro padrona.

I nostri due signori ripresero il viaggio. Il più giovane era preoccupato perché questa scena; rimuginava su questa storia. Incapace di resistere ancora, dopo diverse ore, alla fine ruppe il silenzio ed esclamò:

— Quella signora che hai aiutato era sprezzante e offensiva. L'hai aiutata ad attraversare l'acqua e lei non ti ha nemmeno ringraziato. Da non credere ! Dopotutto, tu non sei il suo servo.

—Ho portato questa signora ore fa, rispose il suo compagno di viaggio. Perché me lo dici solo ora?

Non ha senso rimuginare sul passato:

avvelena il presente.

| 48 |

| ARCHIBALDO E IL CERCHIO DELLA VITA |

ACCETTARE

> « *Trasformarsi silenziosamente in cenere,*
> *nell'humus, ingrassa i vermi,*
> *nutre le piante, permette al ciclo della vita di*
> *continuare il suo corso.*
> *È l'unica forma di eternità*
> *a cui posso aspirare»*

André Brink

Molto tempo fa, in un piccolo villaggio, Archibaldo l'antenato si rifiutò ostinatamente di morire. Aveva rimandato più volte la morte. E così fu senza timore che la accolse quella sera.

— Di nuovo tu, testa piatta? disse il vecchio.

— Archibaldo, dovrai essere ragionevole e accettare di morire.

— No ! Sono contro la morte. Rifiuto la morte, ecco tutto.

— Eppure, la pratichi...

— Per niente ! Sono contrario e non ucciderò mai! il vecchio si offese.

— Ogni giorno, il tuo corpo uccide migliaia di batteri per vivere. Ogni giorno distruggi microbi, globuli bianchi e rossi... Tutto questo per garantire la tua sopravvivenza... La tua vita dipende dalla morte.

- Ma no ! I germi mi stanno attaccando! mi difendo!

— Va bene... e allora che mi dici del tuo cibo? Ogni pasto che fai sacrifica animali e piante, esseri viventi...

— Ma... li trasformo...

— Sarai trasformato anche tu...

— Aspetta ! Aspetta, il vecchio si fece prendere dal panico. E tu ? Come mai non muori! Non è giusto.

—In effetti, non muoio. E sai perché?

— No.

—Perché non esisto. Sei vivo, quindi, per te, la morte non esiste, non puoi provarla o conoscerla. Ma quando sarai morto, non esisterò neanche io.

Il vecchio Archibaldo rifletté. Alcuni dicono che al mattino se ne andasse con un sorriso sereno.

La vita è un ciclo che non ha senso cercare di combattere. Accettala è lasciati trasportare.

|ESSERE INTRAPPOLATI NEI PENSIERI |

NON GIUDICARE

*« Il fallimento è un sentimento
molto prima che essere realtà.
È il risultato della combinazione di vulnerabilità e
mancanza di fiducia in se stessi,
che poi peggiora,
spesso deliberatamente, è la paura. »*

Michelle Obama

È il grande giorno per Justine. Ha un'audizione di chitarra acustica in vista del diploma di fine corso al conservatorio. Era nata con la chitarra. Suo padre è un famoso chitarrista.

È anche dotata. Ma più si avvicina il grande giorno, più la pressione è forte. Una vocina dentro di lei si intensifica: "E se non ce la faccio?" ; "Sento che sbaglierò"; "Penso che deluderò mio padre"; "Non sono all'altezza."

Eppure è un pezzo che lei conosce a memoria. Lo sguardo della giuria, la presenza dei suoi genitori, il pensiero del fallimento diventano sempre più insopportabili.

Infatti, quando entra in scena, non si sente a suo agio. Si sente presa dall'idea che non ci riuscirà.

Si è programmata per fallire. Infatti, dopo tre tentativi, con dita tremanti, riesce solo a mettere insieme pochi accordi. La giuria la ringrazia e le chiede di lasciare il suo posto al prossimo candidato.

Justine se ne va, seccata: "Ero sicura di non essere all'altezza". Scoppia in lacrime.

Diamo troppo credito a quella vocina interiore che ci giudica e ci scoraggia. Quanti fallimenti nella nostra vita gli dobbiamo ?

| 50 |

| IL POTERE DEL SILENZIO |
LE VIRTÙ DELLA PAZIENZA

« Devo la mia vittoria sul silenzio ai libri.
Sono passaporti.
Abbatteranno le mura, i bastioni, i confini,
tutte le barriere che gli uomini
hanno inventato per ignorarsi, dilaniarsi a vicenda. »

Irène Frain

In un piccolo regno perduto delle montagne dell'Himalayano, stanno per avvenire importanti cambiamenti politici. Il re Asong deve nominare il suo capo del governo. Due candidati per il posto sono in ballo, ma non hanno la stessa politica o le stesse idee per il regno. Calang pensa che il sistema di casta debba essere mantenuto e le gerarchie nel paese; Hyen, pensa che occorra abbandonare l'attuale sistema sociale che paralizza il paese.

Calang ha logicamente la "priorità" perché ha più esperienza di corte. In ufficio, il Sovrano annuncia:

— Devo nominare uno di voi come primo ministro, disse, pensando di invitare Hyen a sostenere la candidatura del suo rivale.

Ma non succede niente. Questo rimane silenzioso.

Il re diventa più esplicito:

— Vuole, per favore, confermare a Maître Calang che accetta di entrare nel suo gabinetto?

Più di un minuto di silenzio. Calang restò sconcertato. Il silenzio diventò pesante, così tanto che quest'ultimo finì per interromperlo annunciando:

— No no! Non è possibile chiederlo a Master Hyen. È lui che deve essere preso per quel posto.

Pazienza e silenzio valgono più che fretta e agitazione

| 51 |

| UNA DONNA CHE AVEVA SEMPRE FRETTA |

LE VIRTÙ DELLA PAZIENZA

*«L'intelligenza è la facoltà
di relativizzare l'assoluto»*

Michel Tournier

Strinse il volante fino a quando le sue falange diventarono bianche. Quell'ingorgo stradale era infinito. La metteva in agitazione. Le passavano davanti agli occhi tutto ciò che di negativo portava tale situazione: avrebbe dovuto forzare i bambini perché facessero il bagno più velocemente, avrebbe avuto fretta di preparare il pasto, non avrebbe avuto il tempo di chiamare sua madre come previsto, non avrebbe avuto il tempo di rilassarsi un po' prima di mettere a dormire i bambini.

Cercò di prendere un'altra strada ma era peggio della strada principale. Si attaccò al clacson. Non appena una porzione stradale libera le si offrì accelerò improvvisamente, per frenare dopo venti metri. Pensò che stava facendo tutto ciò che poteva per fare prima.

Arrivò al limite dei nervi dalla bambinaia. I bambini avevano giocato pacificamente e tutto andava bene, ma lei li costrinse ad andare via bruscamente. Quando fu il momento del bagno li spazzolò con nervosismo e a cena che li fece mangiare in un'atmosfera tesa.

È solo una volta che i bambini andarono a dormire che si rese conto che la serata era stata pessima perché la sua impazienza per tornare più velocemente aveva determinato il suo cattivo umore. Se avesse accettato di arrivare più tardi, se avesse immaginato il piacere di ritrovare i suoi figli piuttosto che l'impossibilità di arrivare a un'ora, si sarebbe sentita "normale" e tutta la sera sarebbe stata diversa.

La nostra impazienza è sovente il terreno del nostro malessere.

| 52 |

| LA MERAVIGLIA IN VOI |

UNA RIGENERAZIONE INTERIORE

*« La curiosità come lo senti
non è per lo più un'arte?
Un'arte di dare una svolta? Un'arte di navigare?
Un'arte di vivere? Un'arte di viaggiare a poco costo?
Una cura per l'indifferenza?
Il desiderio di vedere da soli,
leggere senza istruzioni, chiedere
e farsi domande
tutto il tempo di un'esistenza,
Un modo di essere vivi, sentirsi vivi,
fino alla fine del nostro tempo sulla Terra? »*

Jean-Pierre Martin

Immagina che un giorno, una mattina, la persona che eri bambino si ritrova al tuo posto, il bambino che eri diventa te. Immagina quello che stavi scoprendo, la tua casa, il tuo appartamento, il tuo arredamento. Immagina questo bambino, che guida la tua macchina da solo o che prende la metro per andare al lavoro... Pensa al suo stupore, alla sua ammirazione nello svolgere le tue faccende quotidiane, e tutto ciò che a te sembra così banale e comune.

Forse non sei soddisfatto della tua vita e di quello che hai costruito, nonostante la costanza e la determinazione, perché la vita è così.

Ritrova in te il bambino che sei stato: piccolo senza dubbio, ma fresco e capace di meravigliarsi di tutto.

Prenditi il tempo per lasciare

che quel bambino ti dica che

tutto quello che fai è fantastico ai suoi occhi.

| 53 |

| IL CERAMISTA |

LA FIDUCIA IN SE

« C'è qualcosa di straordinariamente falso, paradossale e
quasi irreale in questa situazione dell'infermiera efficiente,
considerata dal punto di vista della psicologia medica.
Più obbedisce, meno pensa.
Quanto più impoverisce il suo intuito,
reprime i suoi sentimenti,
e considera il paziente come un oggetto tanto più sarà
una brava sorvegliante ma anche una persona incapace di avere
davvero cura dagli altri

Roger Gentis

Un giorno, un coraggioso artigiano ceramista aveva tra le
mani un pezzo di ceramica cinese... Lui che da anni lavorava
la terra, rimase stupito dalla delicatezza, dalla brillantezza e
dal candore della meraviglia che teneva tra le mani! Lo
shock fu tale che decise di scoprirne da solo il segreto.

Così, ogni giorno, instancabilmente, il nostro artigiano
sperimentò, testò materiali, colori, temperature del forno.
Ben presto, grazie al suo duro lavoro divenne famoso e fu
paragonato a un pazzo.

Un giorno, ebbe bisogno di un fuoco più vigoroso e andò
alla pira: ma era vuota, non c'era più un pezzo di legno!
Quindi l'artigiano andò a casa e afferrò il tavolo dicendo:
"Quello che mangiamo sarà altrettanto buono mangiandolo
sul pavimento".

Ma il fuoco era ancora debole, quindi prese le sedie e
disse "qualunque cosa mangiamo sarà ugualmente buona
anche da accovacciati".

Il fuoco si fece più forte, ma mancava ancora un po' di forza, così il brav'uomo decise di fare a pezzi la sua credenza con un'ascia, dicendo: "Chi ha bisogno di una credenza quando non si ha una sedia?" ".

E accadde quello che doveva succedere: al culmine del fuoco della sua fornace, fu lì che finalmente comprese il segreto della ceramica.

Bella lezione, vero?
Perché questa storia è vera
e l'artigiano che seguì il suo intuito
si chiamava Bernard Palissy.
Non temere il tuo intuito:
lui è una guida.

|LE EMOZIONI NEGATIVE |

AGIRE IN CONSAPEVOLEZZA

> *« Il grano chiede il sole,*
> *la barbabietola chiede pioggia.*
> *È facile, permette al coltivatore,*
> *qualunque sia il tempo,*
> *di potersi lamentare del tempo. »*

Jean-Louis Fournier

Un signore era furioso per tutto, era anche furioso per essere furioso.

La sua giornata, è vero, era andata molto male. In primo luogo, era stato bloccato negli ingorghi ed è stato solo grazie a una guida particolarmente aggressiva che è riuscito a tirarsene fuori ed arrivare in tempo al lavoro. Poi, i colleghi (veramente incompetenti) gli diedero infinite seccature. A mezzogiorno il pasto al ristorante era tiepido e il suo dolce preferito non era più nel menu. La sera, un incontro inaspettato gli fece perdere ore utili, che cercò di recuperare in fretta con caffè e sigarette nervose.

Quando tornò a casa, anche i suoi nervi erano nervosi.

Niente stava andando per il verso giusto e ora, per finire, iniziò pure a piovere. Attivò con rabbia i tergicristalli. Decisamente, nulla gli sarebbe stato risparmiato!

Entrando nella strada del suo quartiere, sulla strada davanti a lui, vide una sedia a rotelle elettrica.

Riconobbe la sagoma della sua giovane vicina, che, a seguito di un'operazione alla colonna vertebrale, dovette tenere la sedia per un tempo indefinito. Forse per sempre, pensò. Le passò accanto e istintivamente guardò nello specchietto retrovisore.

Era davvero lei, una ragazza di cui sapeva molto poco.

Un lampo le illuminò il volto. Stava sorridendo con gli occhi alzati al cielo. Le gocce di pioggia le cadevano sulla fronte. La ragazza era felice, sì, felice di uscire, di essere mobile, di vivere, di sentire.

E all'improvviso il signore si chiese che cosa di tanto brutto fosse successo in quella giornata

Ognuno è libero di godersi la propria situazione: a te di scegliere di viverla felicemente o di lamentarti

| 55 |

| L'EFFIMERO |

ACCETTARE

*« Ama abbondantemente e vivi abbondantemente.
Ama per sempre e vivi per sempre.
La vita eterna è imbrigliata all'Amore. »*

Paulo Coelho

Un'effimera volava nella giornata limpida. Viveva già da dieci ore e sentiva arrivare la fine. Atterrò su una foglia e si lamentò:

— Che vita triste è la mia! Ho passato metà della mia vita conoscendo me stesso e a capire che non so quasi nulla... e presto dovrò morire. Se solo vivessi quanto l'uccello...

E appunto, notò su un ramo, una cincia, terribile mangiatore di moscerini, che si lamentava sul suo ramo:

— Vivo su questa terra da quasi tre anni... I miei figli sono cresciuti e dovrei morire per sempre? Quanto è triste il mio destino! Ho ancora tante cose da imparare sul mondo e sulla vita... Ho ancora tanti piaceri e giorni da godere... Se solo vivessi quanto la tartaruga...!

E in quel momento passò una tartaruga, uno degli animali la cui vita è più lunga. Eppure anche lei gemeva:

— Centoventi anni? Cosa c'è accanto alla vita delle stelle... Sono molto infelice di vivere così poco...

Ma muoiono anche le stelle, come le effimere. Di tutte queste cose su cui non abbiamo controllo, la cosa migliore è accettarle. Noi, come soli, fiori e galassie, un giorno moriremo. Allora perché sprecare la tua vita con l'idea della morte?

| IL VERO DEL FALSO |

NON GIUDICARE

« Essere umano, essere semplice,
il modo più naturale
non stava facendo parlare in me
cosa ha rifiutato di tacere?
Non accetto di mentire,
di apparire sincero nel giudizio degli uomini».

Marcel Arland

Una taverna olandese. Anno 1578. Due amici appassionati di scoperte e scienza discutono nel mezzo di un caffè dall'atmosfera vivace:

— La terra è rotonda ed è al centro dell'universo.

— Ma no, ma no. Stai dicendo una sciocchezza. La terra è piatta e il sole è al centro dell'universo.

Che dici ? Dai, stai perdendo la testa. E Magellano? Non ha fatto il giro del mondo su una nave, dimostrando che la terra era rotonda?

— Questo non prova nulla. E poi Copernico, dice che la terra gira intorno al sole. Quindi non puoi negare il lavoro di un tale scienziato, giusto? Tu stesso lo stimi molto di più.

Il dibattito diverte i clienti dell'osteria finché non si trasforma in una discussione e poi in una rissa. I due amici vengono alle mani; li separarono.

— Sei un cretino, disse uno.

— Sei un'idiota e non capisci nulla, rispose l'altro.

Un'amicizia così bella è appena andata in frantumi. Chi sta dicendo la verità? Chi dice sbagliato?

Nessuno dei due ed entrambi allo stesso tempo. Ma cosa è più importante?

| L'ONDA SACRA |
LE VIRTÙ DELLA PAZIENZA

« Riconoscersi come semplice mediazione,
sapere che non abbiamo più realtà
né destino pulito di un'onda sul mare,
è concedere a noi stessi solo l'identità di un'apparenza
tenace: è liberarsene. »

Nicolas Grimaldi

Nelle isole del Pacifico si dice che un figlio di un clan fosse affascinato dalle onde. Suo padre gli disse:

— Diventerai un leader quando avrai domato Uluhia, l'onda sacra.

Ogni cinque o sei anni si forma un'onda enorme. Spaventa tanto quanto affascina la gente della costa.

Da quel momento in poi, il figlio non ha mai smesso di allenarsi più e più volte per affrontare il fenomeno naturale proveniente dall'oceano. Ogni giorno della settimana andava a gettarsi nelle onde per scoprire il loro segreto. Inizialmente, era con una piccola barca, che alla fine andò in pezzi. Notò che una lunga tavola di legno gli permetteva di essere di più mobile e più libero di muoversi. Ma niente da fare. Si ritrovò travolto dal moto ondoso mentre ci si tuffava per affrontarlo fisicamente.

Arrivò il giorno di Uluhia. Nel frattempo era diventato un giovane. Il giorno prima, preoccupato, guardò l'orizzonte. Sapeva che l'indomani si sarebbe giocato, sotto lo sguardo del padre, il suo destino di figlio di un capo. Ma era anche consapevole che nulla era stato vinto. Aveva esaurito il suo corpo abbastanza da sapere che ogni volta finiva per essere sconfitto dalla forza dell'oceano. Il suo sguardo cadde su un albatro che era appena atterrato sull'acqua in lontananza. Stava arrivando un'onda; il figlio del capo era convinto che l'uccello sarebbe stato inghiottito. Ma con sua sorpresa non fu così: l'albatro non affrontò l'onda immergendosi in essa, ma si lasciò trasportare, seguendo il ritmo dell'ondulazione. Il figlio del capo si alzò ed esclamò:

— Ho capito come domare Uluhia! Non devo affrontarlo o combatterlo, ma accompagnarlo come un amico e lasciarmi trasportare.

La vita è come quest'onda: a volte terribile e inquietante; Affrontare questi eventi a testa in giù e frontalmente non porta mai alla serenità. Accettali e lasciati trasportare: naviga con la vita, non contro di essa.

| 58 |

| IL MOMENTO PRESENTE |

UNA RIGENERAZIONE INTERIORE

*« Tutto passa, le ore, le nuvole nel cielo,
la vita degli uomini, portata dalla nascita alla morte. Non
attaccarti alla cronologia emotiva delle cose. È un pessimo
modo di vedere il mondo. Rendi ogni secondo
un'esperienza gratificante, senza preoccuparti del tempo
che fugge
e delle mattine che non torneranno più.
Il presente è l'unica cosa che non ha fine. »*

Proverbio ameridiano

Due dirigenti si incontrano davanti alla macchina del caffè:

— Ho una riunione alle 11:00, Ah sì, e poi devo andare a comprarmi un panino: avrò trenta minuti per mangiarlo; poi vado a lasciare la macchina in garage. Poi torno: ancora una riunione. Dopo, ho venti minuti per andare a prendere il pane, poi devo andare a prendere i miei figli alle 17:00. Finalmente torno a casa, mi preparo a...

All'improvviso tacque...

— Che giornata terribile... Mi stressa...

Il suo collega era calmo.

— Come fai? Sembri sempre rilassato. Abbiamo gli stessi incontri e la stessa vita familiare.

— Oh sai, niente di speciale.

—Dimmi, hai qualcuno che fa tutto per te? Prendi vitamine? Come fai a essere sempre calmo?

— Niente di tutto questo. Semplicemente, quando lavoro, lavoro; quando cammino, cammino; quando guido, guido; quando cucino, cucino...

Il suo collega lo guarda, sbalordito. Le persone preoccupate ti diranno che ogni secondo ti pugnala e l'ultimo ti uccide. Potrebbe essere sufficiente per farti desiderare di goderti il momento.

Ogni secondo è importante, ogni secondo, anche se scorre in una cascata implacabile, merita il tuo apprezzamento..

Ogni secondo che arriva è una dono, è per questo che lo si chiama

« il presente ».

| 59 |

| DIVENTARE VOI STESSI |

LA FIDUCIA IN SE STESSI

« Non rischiamo nulla per diventare ciò che già siamo.
Conosciamo il valore della vita
e cosa può portare ad essere nel mondo.
Devi solo mettere energia nell'essere te stesso.
Trovare te stesso è la chiave. »

Frédérique Deghelt

C'era una volta un corvo e sua moglie che aspettavano con impazienza la schiusa delle loro uova. Alla fine venne il momento in cui i piccoli gusci si mossero, si ruppero l'uno contro l'altro e finalmente apparvero cinque uccellini. Uno di loro sembrava più piccolo e il becco più sottile. Non importa, pensò il padre. Nutrendolo bene, crescerà rapidamente.

In effetti, i genitori non risparmiarono sforzi per sfamare i piccoli.

Cominciarono a insegnargli tutto il necessario per essere un corvo, specialmente il modo di gracchiare quando il cielo è basso e grigio e gela la campagna.

Presto i piccoli crebbero e quelli più cresciuti iniziarono a coprirsi di piume nere. Quale fu la sorpresa dei genitori nel vedere che l'ultimo, il più piccolo, non contento di non avere piume nere, cominciò ad averne di rosse! Non solo era ancora minuscolo, non solo le sue piume non erano nere, ma gracchiava malissimo!

Il piccolo rosso, come veniva chiamato, rinunciò presto a cercare di diventare grande come i suoi fratelli; sapeva che non ce l'avrebbe mai fatta.

Ben presto smise di gracchiare forte e gravemente; sapeva che non ce l'avrebbe mai fatta.

Ma con il suo filo di voce stridulo pensò di avere un asso nella manica: cantava dalla mattina alla sera.

E quando smise di provare a fare il corvo, fu meraviglioso sentirlo.

Presto dovemmo arrenderci all'evidenza. Era più un pettirosso che un corvo, e tutti lo lasciarono diventare quello che era.

Così divenne, degli alberi circostanti, l'uccello più bello e il cantante più talentuoso.

Non lasciare che nessuno ti dica come essere: sii te stesso.

È la tua più grande forza interiore.

| L'UOMO E L'UCCELLO |

AGIRE CON CONSAPEVOLEZZA

> *« qualsiasi individuo,*
> *per quanto padrone di sé possa essere,*
> *lascia fluire le tue emozioni*
> *una volta o l'altra. »*

Dean Koontz

Un racconto arabo racconta la storia di un uomo che una volta catturò un fragile uccello, così piccolo da stare nel palmo della sua mano. L'uccello cercò di negoziare la sua libertà:

—Allora cosa ti aspetti da me? Disse. Sono così piccolo, così magro, sono solo pelle e ossa! Liberari! In cambio, ti dirò tre verità.

— Molto bene, disse l'uomo. Ma come posso sapere se le tue verità mi saranno utili?

— È molto semplice, ti dirò la prima verità quando sarò ancora nelle tue mani. La seconda ti racconterò quando sarò sul ramo di quest'albero; quindi, avrai ancora il potere di raggiungermi se questa verità non ti soddisfa. Infine, ti dirò il terzo, più importante, quando sarò lassù nel cielo.

— Va bene, disse l'uomo. Dimmi la prima verità.

— Se perdi qualcosa, anche se è la tua stessa vita, non devi pentirtene.

Questa è una verità profonda, pensò l'uomo: il non attaccamento alle forme esteriori, infatti, è il segreto della vera libertà. Aprì la mano. L'uccello volò sul ramo, dal quale disse la sua seconda verità:

— Se qualcuno ti dice una sciocchezza, non crederci finché non ne avrai le prove.

— Molto bene, disse l'uomo. Sei molto più saggio di quanto il tuo minuscolo teschio di uccello ti farebbe prevedere: gli esseri umani, infatti, sono naturalmente attratti dalle bugie e dalle illusioni! Ma qual è la terza verità?

— Ho nello stomaco due diamanti grandi ciascuno come uno dei tuoi pugni, affermò l'uccello che ora volava nel cielo. Se mi avessi ucciso, la tua fortuna sarebbe stata fatta.

Pazzo di rabbia, l'uomo maledisse l'uccello. Si incolpava di essere così stupido e pianse per il suo destino.

— Imbecille! esclamò l'uccello. Ti ho detto di non rimpiangere mai niente, e già ti penti di avermi liberato!

Ti ho detto di non credere mai alle sciocchezze, e mi hai creduto quando ho affermato che io pur potendo stare nel palmo della tua mano, avevo ingoiato due diamanti grandi quanto i tuoi pugni!

A causa della tua lussuria e della tua ottusità, non potrai mai volare nel cielo come me.

Le emozioni possono rapidamente minare i nostri bei principi e le nostre belle convinzioni. Non è il momento di padroneggiare il loro impatto sulle nostre vite?

| 61 |

| L'UOMO DAGLI OCCHI STRANI |

NON GIUDICARE

« La mia bellezza, sebbene mediocre, non ha bisogno del trucco delle tue lodi: la bellezza è stimata e assunta sul giudizio degli occhi, e non sull'umiliante lode della lingua interessata a lodarla »

William Shakespeare

Fin da bambino, Pierre è sempre stato guardato 'di traverso', per usare un eufemismo. È nato con occhi strani, un occhio blu e l'altro così marrone scuro che sembra nero.

Ciò gli causò un complesso fin dall'infanzia, sentendosi diverso e sistematicamente messo da parte dagli altri. Dal lato del cuore, ha perso il conto delle volte in cui le ragazze lo hanno respinto con "è troppo strano" o "sembra un mostro".

A 40 anni Pierre non ha mai avuto una donna al suo fianco, essendosi rinchiuso nella convinzione che i suoi occhi spaiati lo rendessero brutto. Lo sa bene, nonostante la sua età ed esperienza, il suo sguardo strano quasi lo squalifica in anticipo. Così prende una decisione.

È proprio per il suo 40° compleanno che si regala un viaggio in un'isola paradisiaca nell'Oceano Pacifico. Appena sceso dall'aereo, Pierre non capisce cosa stia succedendo: le donne lo guardano tutte con un sorriso e, ovviamente, vogliono solo aggrapparsi al suo braccio.

Per strada, le donne gli si avvicinano, gli fanno delle avances. È il primo sorpreso. Questa è la prima volta che scopre il suo potere di seduzione in questo modo.

Un residente spiega:

— Abbiamo una leggenda secondo cui le persone con occhi di colore diverso sono protetti della nostra divinità locale. Da qui, nella nostra cultura, il fatto che tu sia associato alla prosperità, alla bellezza e alla benevolenza. Non sorprenderti del tuo effetto sulle donne di qua!

Così, scoprendo di essere un "uomo attraente", si stabilisce sull'isola, incontra una donna e si costruisce la vita.

A forza di giudicare il tuo fisico in base ai criteri della nostra mente e della nostra società, dimentichiamo il suo fascino, il suo potenziale di seduzione, esteriore e interiore.

| 62 |

| UNA QUESTIONE DI PERCEZIONE |

LE VIRTÙ DELLA PAZIENZA

> *« La percezione non è una scienza del mondo,*
> *non è nemmeno un atto,*
> *una posizione deliberata,*
> *è lo sfondo su cui si stagliano tutti gli atti*
> *e ne è presupposto. »*

Maurice Merleau-Ponty

Due amici escono dal cinema.

— Che film ! Questa storia di un calciatore un po' ingenuo che viene manipolato dal sistema e dai suoi parenti, l'ho trovata davvero toccante.

Mi è piaciuto. L'ho trovato divertente e originale.

— Divertente ? continua il suo amico. Non l'ho trovato divertente, ma piuttosto commovente e persino triste... Come può il destino di questo uomo onesto essere percepito come divertente?

— Beh, non lo so: è un personaggio un po' sciocco; mi ricorda Charlot. Quindi, ho trovato piuttosto divertente vederlo cavarsela così. Non vedo cosa fosse triste e commovente, a mio giudizio.

— Ma poi, alla fine, finisce male per lui: viene esonerato dalla sua squadra e diventa un fruttivendolo completamente anonimo quando avrebbe potuto diventare una star del calcio.

— Precisamente, alla fine sembra felice: non ha certo la gloria sperata ma l'ultimo scatto lo mostra sorridente...

Un film, la stessa storia e tuttavia due diverse percezioni. È lo stesso nella tua vita: ciò che sperimenti e la percezione che ne hai è personale e soggettivo. Non c'è niente di assoluto.

Come scegli di vivere questo o quell'evento?

Quale sarà il tuo angolo di percezione?

| 63 |

| ELOGIO AL CAMBIAMENTO |

UNA RIGENERAZIONE INTERIORE

> *« Vivere è perdere...*
> *Se possiamo accettare che nulla è permanente*
> *e che il cambiamento è inevitabile,*
> *se possiamo adattarci,*
> *saremo più felici. »*

Louise Penny

Un bruco strisciava dolorosamente su un ramo. Era stanco. Sentiva che il suo momento stava arrivando.

— Presto morirò e mi congelerò qui, come una pelle secca. Ahimè!

Ricordava tutta la sua vita: i suoi incontri, le sue feste di teneri germogli, i giorni di pioggia che avevano tanto sapore.

— Come vorrei che tutto rimanesse come prima, niente cambiasse. Vorrei che il tempo si fermasse.

Una farfalla si fermò al suo fianco, attratta dai lamenti del bruco.

— Perché piangi?

— Beh, presto lascerò questo mondo con rammarico.

— Ma perché maledire il cambiamento e aggrapparsi a una sorta di fissità. Tutto si muove, tutto cambia. La tua mente deve essere altrettanto flessibile ed esperta nell'abbracciare questo cambiamento piuttosto che congelarlo in illusioni.

— Ahimè, ahimè... non voglio finire immobile su questo ramo. Ho strisciato per tutta la vita ed eccomi qui, a rimpiangere questa vita.

— Sai che presto potrai trasformarti in una farfalla e volare con ali magnifiche?

Accogliere il cambiamento piuttosto che lottare con esso e aggrapparsi al passato significa lasciare che le più grandi opportunità della vita fluiscano nella tua.

| 64 |

| IL GIARDINO DEL PRINCIPE |

LA FIDUCIA IN SE STESSI

« Lo sguardo forse è sempre sotto influenza, e dipende da una capacità di confronto di una cosa con un'altra. »

Vidiadhar Surajprasad Naipaul

Un principe aveva piantato ogni sorta di alberi, piante e fiori vicino al suo castello. Il suo giardino era molto vasto e lussureggiante. Ogni giorno camminava lì godendosi la calma della sua casa.

Un giorno dovette fare un viaggio. Al suo ritorno, fare una passeggiata in giardino fu la prima cosa che fece. Ma le piante e gli alberi si stavano seccando, il che lo colpì, lui che aveva ricordato la maestosità del suo giardino. Si rivolse al salice, per conoscere le ragioni di questa metamorfosi. L'albero rispose:

— Ho guardato il pero e mi sono detto che non avrei mai prodotto frutti così belli. Mi sono scoraggiato. Ecco perché ho iniziato a seccarmi.

Il principe andò a cercare il pero, anch'egli morente. Lo interrogò a sua volta e disse:

— Guardando la rosa e annusandone il profumo, mi dissi che non sarei mai stata così raffinata e delicata. Ho cominciato a seccarmi, rispose l'albero da frutto. Ma anche la rosa stessa si stava consumando, il principe andò a parlarle e lei gli disse:

135

— Vorrei tanto essere come l'acero che è laggiù. Vorrei che le mie foglie non prendessero colore in autunno. I miei petali durano poco: che senso ha tutto questo? Così ho iniziato ad asciugarmi.

Infastidito, il principe continuò lo stesso la sua passeggiata. All'improvviso vide un bel fiorellino. Era completamente soddisfatto. Fu sorpreso e andò a chiedergli le ragioni della sua tranquillità.

— Mi sono quasi asciugato anch'io. Dapprima mi addolorai, pensando che non avrei mai avuto la maestà di un salice; né la raffinatezza e il profumo della rosa. Ho cominciato a morire, ma ho riflettuto e ho pensato: se il principe, che è ricco, potente e saggio, e che ha creato questo giardino, avesse voluto qualcos'altro al posto mio, lo avrebbe piantato. Se mi ha piantato è perché mi voleva, così come sono. Da quel momento in poi ho deciso di non confrontarmi più e di dare il meglio di me stesso, per me stesso.

La nostra mente è spesso incline allo scoraggiamento e al confronto. L'amore, la fiducia in se stessi e l'autostima sono il terreno fertile della nostra vita interiore.

| 65 |

| LA SCIMMIA |

NON GIUDICARE

« La più bella saggezza è di non essere saggi. »

Angelus Silesius

Un uomo, dopo una delusione d'amore, aveva deciso di andare in India per cambiare scenario e allontanarsi dalla donna che gli stava causando tanto tormento interiore.

Sperava di calmare la mente e ritrovare un po' di serenità. Eppure, anche lì, continuava a pensare a lei. Ovunque andasse, a qualsiasi ora, alla curva di un vicolo o in un ristorante, l'immagine di colei che gli aveva portato via il cuore continuava a tornare e, con essa, emozioni di tristezza e di amarezza.

Era più forte di lui. Gli sarebbe piaciuto così tanto che lei fosse stata lì, con lui, a visitare quel paese.

Durante una passeggiata nella foresta, su un sentiero che porta a una collina che domina la città, rimuginava ancora e ancora. Vide un saggio che era immerso nella meditazione in mezzo alla natura, un po' lontano dal sentiero.

— Ah... come vorrei essere tranquillo come lui...

Il saggio aprì gli occhi e guardò il nostro viaggiatore. Lo prese come un invito e iniziò una conversazione.

— Ammiro la tua tranquillità. Come fai ad essere così sereno?

Il saggio puntò il dito in direzione di una scimmia che passava, girando in tutte le direzioni, saltava da un ramo all'altro.

— La mente è come quella scimmia: sempre in movimento, sempre irrequieta. È nella sua natura. Quando la mia si dimena, la lascio andare e la osservo. È tutto.

Osservando la nostra mente, in modo neutrale e non giudicante, abbiamo il potere di comprenderne la natura e, quindi, di ridurne l'influenza.

| 66 |

| STORIA DI UNO STACANOVISTA |
LE VIRTÙ DELLA PAZIENZA

« Organizzare non è mettere ordine.
È dare la vita. »

Jean-René Fourtou

In giardino è seduto un uomo. Martino. Fa il punto della sua vita. È alla frutta. Dirigente in una grande azienda, accumula ritardo perché gli viene sempre chiesto di più; soprattutto non vuole deludere il suo superiore e, per forza, è travolto dal lavoro. Non riesce proprio a tenere il passo. Tanto più che, a casa, deve prendersi cura dei suoi tre figli. Non c'è più tempo per fare sport, vedere i suoi amici... Sì, è al limite delle sue energie. La sua vita è diventata un accumulo di compiti da svolgere, automaticamente e silenziosamente. Non c'è più gioia. Ce ne sono troppi... Il burnout non è lontano.

Martino è così preso dai suoi pensieri che non presta attenzione al canto degli uccelli e al rumore del vento tra gli alberi. Improvvisamente, il suo sguardo cade su un vecchio sorridente, seduto su una panchina, che prepara il tè. La semplicità dei suoi gesti e del suo volto lo invita ad andare verso di lui.

— Buongiorno. La sto guardando e sembra così tranquillo, disse al vecchio.

— Natura e uccelli sono altrettanto tranquilli, risponde mentre continua a preparare il suo tè.

— Ah sì... Ma personalmente ho così tante preoccupazioni... Sono molto impegnato con il lavoro... ho tre figli...

Martin continua a elencare tutto ciò che sembra sbagliato nella sua vita.

— Ecco, disse il vecchio, offrendogli una tazza di tè.

Il nostro uomo non presta quasi attenzione e continua la sua logorrea, mentre il vecchio versa il tè. Dopo un po', il liquido trabocca dalla tazza.

— Ehi ! Attenzione ! reagisce Martino.

— Come questa tazza, sei pieno del tuo stesso peso e dei tuoi pensieri negativi, disse il vecchio. Come posso esserti di aiuto se non svuoti la tua tazza?

Saper sistemare, mettere ordine nella propria vita è l'inizio del percorso per riprenderne il controllo.

| 67 |

| LAMENTARSI |

UNA RIGENERAZIONE INTERIORE

> « *Per tutta la nostra vita,*
> *giudichiamo ciò che ci accade,*
> *ci rallegriamo, ci lamentiamo.*
> *Tuttavia, lo sapremo solo all'ultimo momento*
> *se c'era motivo di gioia o di lamento.*
> *Niente è fisso, tutto si evolve.* »

Virginie Grimaldi

Il diavolo era venuto sulla terra con il desiderio di fare un brutto scherzo agli uomini. In quei giorni si divertiva a tormentarli. Trovò un povero pastore e si presentò a lui come un saggio.

— Come va la vita, amico mio? chiese.

— Oh, buon vecchio, non così bene... Sempre una seccatura, sempre ad aspettare la sera per il piacere di tornare e lasciare questo noioso pascolo fino al giorno dopo. Sempre in attesa dei fuochi di San Giovanni o del Natale… insomma, di un'occasione per gioire. Il diavolo sorrise. Gli uomini ingenui si arrendono così volentieri. Tirò fuori dalla tasca un gomitolo di lana e disse:

— Sii felice, giovane pastore! Ho la soluzione al tuo problema, e per amicizia, te la offrirò. Ecco un gomitolo di lana. Srotolalo un po' e la giornata passerà in un attimo. Srotolalo ulteriormente e un mese, un anno passerà a tuo piacimento. Mai più aspetterai invano!

—Me lo dai? Davvero ?

— Certo. Senza alcuna esitazione, mi piace aiutare gli altri.

E così lasciò il pastore con il rocchetto di lana. Il giorno dopo, per risparmiarsi una lunga e dolorosa giornata alla cura dei suoi animali, il pastore srotolò la palla e in un attimo arrivò la sera. Trovandosi al calar della notte nel suo letto appena alzato, trovò quel meraviglioso oggetto! Il pastore prese l'abitudine di srotolare la palla in tutte le occasioni: quando pioveva, quando faceva troppo caldo, quando le feste erano troppo lunghe, quando era triste, quando lo attendeva qualcosa di rognoso o quando un appuntamento galante lo faceva spazientire. Un giorno volle giocare a palla ma non poteva più sopportare il dolore alle gambe, notò le sue dita vecchie, contorte e insensibili.

Poi cominciò a tremare con tutto il corpo. E avrebbe potuto giurare di aver sentito scoppiare una risata.

Lamentarsi del proprio destino è il modo più sicuro per perdere la propria vita.

| 68 |

| SENTENZA ANTICIPATA |

NON GIUDICARE

*« Le onde sono una piccola cosa
rispetto all'oceano »*

Claude Lelouch

Un uomo stava guardando il mare con suo figlio.

Avevano sempre vissuto lì, vivendo di granchi, conchiglie, alghe e pesci, come tutti gli altri nel villaggio. Il clima era rigido, freddo, nebbioso. Il mare pareva terribile e ruggente. Ma, come conchiglie attaccate alla loro roccia, quegli uomini rimasero lì.

—Di', papà, chiese il figlio.

— Sì ?

—Perché non andiamo dall'altra parte del mare?"

Il padre guardò severamente il figlio:

— Guarda il mare, e cosa vedi?

— Uh... Vedo l'orizzonte.

— E dietro?

— Niente.

— Giusto. Non c'è niente oltre l'orizzonte. Ed è lì che vuoi che andiamo?

Il figlio non rispose. Soffiava il vento, gridavano alcuni gabbiani.

—Ma gli uccelli, papà... a volte non li vedi arrivare dall'orizzonte?

— Loro sanno volare sopra il nulla, noi no.

Il bambino non sembrava convinto. Infastidito nel vederlo così ostinato, il padre (che nella vita aveva osservato molto le cose,) continuò:

— Guarda le onde. Cosa vedi ?

— Si infrangono sulla sabbia.

— Esatto. Allora in che direzione stanno andando?

—Verso la terra.

—Perché, allora, dovremmo cercare di andarcene quando le onde inevitabilmente ci porterebbero qui?"

Vedere fa giudicare. Ma non siamo mai sicuri di vedere bene e non siamo mai sicuri di giudicare bene.

| EPILOGO |

Questa è la sessantanovesima storia. Vorrei, in conclusione, raccontarvi gli effetti che le piccole favole della *mindfulness* hanno avuto sulla mia vita, che ha portato anche me a scriverne alcune per condividerle con voi.

Sono un medico. Si può riscontrare il paradosso di questo libro: la mia formazione scientifica mi porta naturalmente al razionalismo. I principi della piena coscienza non sono realmente nella mia cultura o nella mia formazione medica (almeno quando studiavo). Ma come medico, sono anche in contatto con pazienti i cui disturbi sono spesso dovuti in parte a problemi interni.

Io stesso sono stato coinvolto in questo vortice di vita sovraccarica. Ho sempre avuto problemi ad addormentarmi. E poi, un giorno, ho capito di essere insonne.

L'insonnia è venuta per colpire la mia vita e devastarla. Alla fine era solo il punto di svolta dopo tanti anni di accumulo di lavoro e seccature.

È stato in questo momento della mia vita, in cui lottavo per addormentarmi ogni notte, che ho esaminato ciò che era la consapevolezza. Avevo provato diversi approcci senza ottenere nulla. Finché ho imparato a lasciarmi andare e ho sviluppato le virtù della pazienza e della accettazione, quando il corpo non vuole addormentarsi.

I sogni e il mondo del sonno mi hanno sempre affascinato. Attraverso il mio lavoro ho potuto incontrare persone affette da apnea ostruttiva del sonno;

da allora, sono stato consapevole dell'importanza della respirazione nasale per un sonno riposante.

Il sonno è davvero un momento chiave per me. Nelle nostre società moderne, la sua importanza è trascurata. Dormire è "perdere tempo" per la maggior parte delle persone. Tuttavia, gli effetti e i benefici del sonno influiscono su tutti gli aspetti della nostra vita: salute, dinamismo, morale, memoria, ecc.

La mia ricerca in questo settore mi ha portato a studiare i rituali che promuovono il sonno. Piano piano ho testato, selezionato i "metodi" più efficaci per ritrovare un sonno sereno e naturale. Combinare la lettura di storie positive con il principio della consapevolezza è l'ideale.

Questo libro è un invito a tutti coloro che vogliono dormire sonni tranquilli, dopo una giornata di fatica e stress. Sono letture che non richiedono alcuno sforzo, né alcuna contorsione. Lascia semplicemente che ogni storia si infonda nella notte e modifichi gradualmente il tuo inconscio per una vita più serena.

Lascia che il loro potere lavori dentro di te. Lascia che il tuo subconscio assorba le storie positive e si riprogrammi gradualmente.

Non è vero che la notte porta consiglio ?

| RINGRAZIAMENTI |

Attraverso questa meravigliosa passione che è la medicina, la scrittura di questo libro ha generato una meravigliosa avventura ricca di incontri e sorprese. Grazie a voi!

I miei ringraziamenti sono molti perché incarnano la natura profondamente partecipativa di questa pubblicazione. Vorrei quindi ringraziare tutti coloro che mi hanno aiutato partecipando, sostenendo e condividendo il progetto. Il vostro coinvolgimento e il vostro supporto mi motivano a continuare a scrivere e condividere con voi questa gioia. Vi ringrazio di cuore!

Davvero, che fortuna avervi al mio fianco!

Grazie alla mia famiglia, ai miei amici e ai colleghi, ma anche all'intera comunità di meditazione per il vostro aiuto, supporto e partecipazione!